LE SENS
DE LA REPUBLIQUE

PATRICK WEIL

LA FRANCE ET SES ÉTRANGERS. *L'aventure d'une politique de l'immigration de 1938 à nos jours*, Paris, Calmann-Lévy, 1991 (nouvelle éd. revue et corrigée, Folio-Gallimard, 2005).

RAPPORT AU PREMIER MINISTRE SUR LES LÉGISLATIONS DE LA NATIONALITÉ ET DE L'IMMIGRATION, La Documentation française, 1997.

NATIONALITÉ ET CITOYENNETÉ EN EUROPE (codir. avec Randall Hansen), La Découverte, coll. « Recherches », 1999.

DUAL NATIONALITY, SOCIAL RIGHTS AND FEDERAL CITIZENSHIP IN THE U.S. AND IN EUROPE: THE REINVENTION OF CITIZENSHIP (codir. avec Randall Hansen), New York, Oxford, Berghan Press, 2002.

QU'EST-CE QU'UN FRANÇAIS? *Histoire de la nationalité française depuis la Révolution*, Grasset, 2002 (nouvelle éd. revue et corrigée, Folio-Gallimard, 2005).

LA RÉPUBLIQUE ET SA DIVERSITÉ. *Immigration, intégration, discriminations*, Le Seuil, 2005.

L'ESCLAVAGE, LA COLONISATION ET APRÈS... (FRANCE, ÉTATS-UNIS, GRANDE-BRETAGNE) (codir. avec Stéphane Dufoix), PUF, 2005.

POLITIQUES DE LA LAÏCITÉ AU XXᵉ SIÈCLE (dir.), PUF, 2007.

LIBERTÉ, ÉGALITÉ, DISCRIMINATIONS. *L'identité nationale au regard de l'histoire*, Grasset, 2008 (nouvelle éd. revue et augmentée, Folio-Gallimard, 2009).

THE SOVEREIGN CITIZEN: *Denaturalization and the Origins of the American Republics*, Philadelphie, University of Pennsylviana Press, 2013.

ÊTRE FRANÇAIS. *Les quatre piliers de la nationalité*, Éditions de l'Aube, 2011 (nouvelle éd. révisée, 2014).

NICOLAS TRUONG

UNE HISTOIRE DU CORPS AU MOYEN ÂGE (avec Jacques Le Goff), Liana Lévi, 2003.

MA PHILOSOPHIE ET DIALOGUE (avec Edgar Morin), entretiens avec Stéphane Hessel, Editions de l'Aube, 2013.

ÉLOGE DU THÉÂTRE (avec Alain Badiou), Flammarion, Coll. « Café Voltaire », 2013.

LES COMBATS DE LA PENSÉE CRITIQUE (entretiens dir.), Editions de l'Aube, 2013.

PENSER LE 11 JANVIER, Editions de l'Aube, 2015.

PATRICK WEIL
AVEC NICOLAS TRUONG

LE SENS DE LA RÉPUBLIQUE

BERNARD GRASSET
PARIS

ISBN 978-2-246-85822-5

Introduction

Le 11 janvier 2015, quatre millions de Français sont descendus dans les rues à la suite des attentats des 7 et 9 janvier. Ils ont formé un rassemblement immense, jamais égalé dans l'histoire de France. Dans nos villes et nos villages, cette levée en masse d'un peuple a impressionné le monde entier parce qu'elle réaffirmait certaines de nos plus profondes singularités : notre tradition de la manifestation mais surtout notre attachement irréductible et non négociable à la liberté d'expression et à la liberté de la presse, libertés fondamentales garanties par les lois de la République, bafouées par la tuerie perpétrée dans les locaux de *Charlie Hebdo*. C'était une manifestation peu organisée, un surgissement des individus indépendant des partis politiques ou des syndicats. La plupart de ceux qui se sont revendiqués « Charlie » n'avaient jamais acheté ni même ouvert le journal, mais manifester était une manière d'invoquer et de défendre la liberté de la presse et de dire aux tueurs qui avaient hurlé de joie «on a tué *Charlie Hebdo*», que non, *Charlie* n'était pas mort, car tous ceux qui étaient là étaient *Charlie* et n'avaient pas peur de le clamer.

Pourtant, derrière l'apparence d'unité nationale, ce n'est pas exactement tout un peuple qui a défilé comme un seul homme. Une partie de nos compatriotes juifs se disaient ce jour-là : il n'y aurait pas eu quatre millions de personnes dans les rues si seuls les quatre juifs du supermarché kacher avaient été tués. Leur raisonnement n'était pas vraiment fondé : il n'y aurait pas eu non plus quatre millions de personnes dans les rues si douze caricaturistes inconnus avaient été exécutés. C'est la mort des dessinateurs Cabu et Wolinski, des personnalités connues, mais surtout si proches de chacun, qui a fait de cette manifestation de masse à la fois un enterrement dans l'intimité et un deuil national. Reste que ce sentiment d'indifférence à la mort de citoyens juifs se fondait sur l'absence de réaction populaire et nationale à la suite de l'horrible tuerie d'enfants juifs à Toulouse, en mars 2012, à la veille de l'élection présidentielle.

Le 11 janvier, une partie du pays aussi manquait. Une partie de la France était restée chez elle, dans ses quartiers. Non qu'elle approuvât les assassins et les morts. Elle était comme la très grande majorité du pays extrêmement choquée par ces assassinats et les condamnait. Mais à la différence de leurs compatriotes, des membres de cette «minorité silencieuse» avaient aussi un sentiment de honte qu'on puisse les associer à ces tueurs. D'autres ne pouvaient dire «je suis Charlie» car ils désapprouvaient les caricatures du prophète Mahomet. D'autres encore refusaient de manifester aux côtés du Premier ministre israélien, Benjamin Netanyahou, présent dans les rues de la capitale même si quarante-quatre autres chefs d'Etat et de gouvernement y étaient aussi. D'autres ont eu peur de se rendre à la manifestation; ou parfois, quand ils ont voulu y aller, ont rebroussé chemin, telle cette Lyonnaise de confession musulmane, voilée, qui, confrontée aux regards inamicaux de la foule sur son trajet pour rejoindre le cortège, a préféré rentrer chez elle[1]. Durant les longues heures de l'épreuve et les jours qui ont suivi, nos leaders politiques n'ont eu de cesse d'invoquer la République, pour unir ou raffermir les volontés. Mais les jours passant, le sentiment d'unanimité s'est rompu.

Depuis, l'onde de choc des attentats ne cesse de révéler les fractures béantes de la société française. Pour les uns, l'islam serait une religion violente et «inassimilable», alimentée par une immigration depuis longtemps incontrôlée mais cautionnée par l'establishment «UMPS» et l'Europe de Schengen, au risque du «grand remplacement ». Pour d'autres, la persistance sur notre territoire de ghettos sociaux ferait de notre pays un régime d'« apartheid ». Pour d'autres encore, la République, en refusant de reconnaître son passé colonial et son présent postcolonial, nourrirait les discriminations, l'antisémitisme, et tous les ressentiments violents. Pour tous au fond, la République est en jeu, en danger pour les uns et sommée d'en revenir à de stricts principes fondateurs comme celui de la laïcité ; coupable pour les autres et sommée de se réformer en reconnaissant sa diversité, par les statistiques ethniques ou la discrimination positive. Nous voulons ici prendre au sérieux toutes les questions, toutes les interrogations et y répondre. Sur l'immigration, l'intégration, la laïcité et l'islam, la nationalité et l'attachement à la France. La vérité des faits dissout les affabulations, mais révèle aussi les frontières sociales et intellectuelles qui ont contribué à les créer et les entretenir. Elle révèle une histoire commune à tous les Français, trop méconnue et, du coup, un avenir possible à partager, un sens de la République.

La République, tant invoquée, c'est d'abord un régime politique dont le bien-fondé a divisé la France, de 1789 jusqu'à l'instauration en 1958 de la Ve République – cette dernière étant une sorte de synthèse entre république et monarchie, qui confère au président des pouvoirs de monarque temporaire. La IIIe République avait été votée en 1875 avec une voix de majorité et accusée sous Vichy d'avoir constitué la cause de la défaite de 1940 face à l'Allemagne ; cent cinquante ans d'erreurs – disait-on alors – depuis la Révolution française. La France était un empire colonial jusqu'en 1962, ce n'est donc que très récemment que la République est devenue le régime de tous les Français. Aujourd'hui, se revendiquer républicain, ce n'est plus affirmer une position politique contre l'option monarchique ou impériale. Mais cela ne peut être seulement un « vivre ensemble », une cohabitation minimaliste dans l'ordre d'un régime politique où les citoyens égaux en droit ne feraient qu'élire leurs dirigeants et élaborer à travers eux la loi commune.

L'ont-ils pensé, l'ont-ils voulu ? Les assassins, en tuant à Montauban et à Toulouse en 2012 puis à Paris en 2015, non pas seulement des caricaturistes symboles de la liberté d'expression, non pas seulement des juifs, des soldats de l'armée française et des policiers symboles de l'assimilation, mais tous ceux-là et chacun d'entre eux ensemble dans les mêmes séquences, ont visé ce qui fait la République dans sa composition : un agencement complexe qui est le produit de son histoire et lui donne sens. Nous allons voir pourquoi.

1

Immigration : les faits sont têtus

Pour une partie de l'opinion, l'immigration serait la cause de tous les maux, la mère de toutes les batailles, l'origine du déclin de la France. Pour d'autres, elle demeure la marque de sa différence, le signe de sa politique d'accueil et de tolérance. Ma question est simple : l'immigration est-elle « une chance pour la France », *comme le disait, en 1985, l'ancien ministre Bernard Stasi, ou met-elle en danger son équilibre économique et son identité culturelle* * ?

Cinquante années d'erreurs dans la politique d'immigration, dit Nicolas Sarkozy à Grenoble le 30 juillet 2010, visant les politiques menées par de Gaulle et Pompidou, coupables à ses yeux d'avoir fait venir des immigrés d'Afrique. Nicolas Sarkozy semblait dire à leurs enfants : « Vous êtes là, légalement, je n'y peux rien. Mais

---

* Les questions qui apparaissent au début de chaque chapitre sont posées par Nicolas Truong et les réponses de Patrick Weil constituent le corps du texte. (N.d.E.)

j'aurais souhaité que vous ne soyez pas là. » En 1990, le démographe Jean-Claude Chesnais signait dans *Le Débat*: « Une politique inavouée de préférence, de quasi-exclusivisme en faveur de l'Afrique, au nom d'impératifs de politique étrangère, sur lesquels l'establishment politique s'entend à merveille[2]. » En 1996, le sociologue Bruno Latour, dans *Le Monde,* parlait du rejet par les Français de « l'obligation qu'on veut leur imposer de prendre l'acceptation de l'étranger pour un fait acquis, pour un fait définitif, pour un fait naturel, pour un fait inéluctable[3] ».

Y a-t-il quelque chose de fondé dans ces affirmations ? L'immigration nous a-t-elle été imposée, spécialement celle venue d'Afrique ?

Je n'ai jamais aimé le slogan « L'immigration est une chance pour la France », qui laisse entendre que les Français sont un peu des bons à rien et que, heureusement, il y a eu et il y a encore cet afflux d'étrangers pour apporter du sang neuf. L'immigration est juste un fait historique. Nous sommes le plus vieux pays d'immigration d'Europe. Parmi les immigrés qui sont venus en France, il y a beaucoup de gens courageux, qui ont traversé les frontières, travaillé dur, vécu des vies difficiles, et nous ont souvent apporté leur savoir-faire et leur talent ; mais il y avait et il y a aussi des idiots, des voleurs et des fainéants. Les immigrés ne sont pas des saints, ce sont des gens comme les autres.

S'ils sont venus chez nous, c'est en raison de notre géographie, de notre démographie, de notre économie et bien sûr de décisions prises par Clemenceau, de Gaulle et bien d'autres de nos dirigeants tout au long du XXe siècle.

En 1831, la France était encore le pays le plus peuplé d'Europe avec 32,6 millions d'habitants. En 1901, l'Allemagne atteint 56 millions d'habitants, le Royaume-Uni en compte 41 et la France moins de 39. Nos industries nouvelles, des mines de charbon et d'acier, attirent donc une main-d'œuvre de voisinage, venue de Belgique, d'Allemagne, de Grande-Bretagne, des Pays-Bas, de Suisse puis d'Italie. Dès les années 1880, la France compte un million d'étrangers.

Mais c'est à partir de 1918 que l'appel à l'immigration devient massif, en raison des pertes énormes entraînées par la guerre. Georges Clemenceau, dans son discours de présentation du traité de Versailles devant la Chambre des députés, déclare sous les applaudissements de ses collègues : « Le traité ne porte pas que la France s'engage à avoir beaucoup d'enfants, mais c'est la première chose qu'il aurait fallu y inscrire. Car si la France renonce aux familles nombreuses, vous aurez beau mettre dans les traités les plus belles clauses que vous voudrez, vous aurez beau prendre tous les canons de l'Allemagne, vous aurez beau faire tout ce qu'il vous plaira, la France sera perdue parce qu'il n'y aura plus de Français. »

Pour renforcer la population, la politique nataliste est prioritaire, mais on y adjoint une large ouverture à l'immigration. La France signe des accords avec l'Italie, la Pologne et la Tchécoslovaquie, le patronat crée en 1924 la Société générale d'immigration. En 1927, le Parlement vote la loi la plus ouverte à la naturalisation de notre histoire : après seulement trois années de séjour en France, un étranger pourra devenir Français. En 1930, la France est le pays qui compte le plus fort taux d'étrangers au monde (515 pour 100 000 habitants contre 492 pour les Etats-Unis d'Amérique).

Mais jusqu'à la Seconde Guerre mondiale, hormis le droit d'asile – «un des éléments essentiels de la doctrine républicaine» selon Edouard Herriot –, il n'y a pas de politique d'immigration digne de ce nom : on fait venir des travailleurs en fonction des besoins économiques, mais souvent ils repartent – contraints par le chômage ou forcés. Dans les années 1930, le rapatriement de dizaines de milliers de Polonais est ainsi organisé, alors que l'on conserve l'obsession du renforcement de notre population.

En 1945, de Gaulle, chef du gouvernement provisoire, veut instaurer une politique de l'immigration cohérente. Georges Mauco, secrétaire général du Haut Comité de la population, souhaite donner la priorité à des Allemands, directement disponibles. Rejet immédiat : les

Français ne l'accepteraient pas. A plus long terme, il veut, soutenu par de Gaulle, instaurer un système de quotas par origine, inspiré de celui adopté en 1921 et en 1924 aux Etats-Unis: 50 % d'Européens du Nord, 30 % d'Espagnols, Italiens, Portugais, originaires du nord de leur pays, et 20 % d'Européens de l'Est. Une partie des membres du gouvernement ou du Conseil d'Etat, proches du Général et des résistants, s'y oppose: à leurs yeux, les quotas impliquent une hiérarchie des origines, inacceptable après ce que le racisme a produit comme monstruosités pendant la Seconde Guerre mondiale. De Gaulle est sensible à leur point de vue, il veut agir vite avant que l'assemblée constituante ne reprenne le pouvoir législatif et n'impose une politique d'immigration de plus large ouverture.

Finalement, l'ordonnance du 2 novembre 1945 tranche: c'est le besoin de main-d'œuvre qui déterminera les flux migratoires. Comme depuis la fin du XIXᵉ siècle, le regroupement des familles des travailleurs est favorisé pour continuer de renforcer la population de la France et le droit d'asile respecté. L'option de quotas par origine n'est pas retenue, mais l'on crée un Office national d'immigration qui ouvre ses bureaux de recrutement en Italie du Nord plutôt qu'en Turquie afin de faire venir plus d'Italiens que de Turcs en France. Avant l'entrée, il y a une possibilité de préférence. Une fois sur place, chacun a droit au même traitement.

La politique d'immigration apparaît ainsi très structurée et organisée, sur le papier. Reste que les Italiens du Nord préfèrent la Suisse à la France. Surtout, la politique coloniale veut garder intacte la puissance de l'empire français, et donc l'Algérie dans la France. Cela implique de donner des droits aux populations qui ont activement participé à la victoire du général de Gaulle et de la France libre.

Le 20 septembre 1947, la citoyenneté française accordée aux musulmans d'Algérie légalise leur libre circulation vers la métropole, déjà effective depuis 1946[4]. Après 1947, les flux s'intensifient. Entre 1949 et 1955, 180 000 musulmans d'Algérie s'installent en métropole, contre 160 000 travailleurs étrangers venus principalement d'Europe. Car les Algériens peuvent déménager quand ils le souhaitent vers la métropole, tandis que les Italiens doivent passer des tests dans les bureaux d'immigration pour obtenir le droit d'émigrer. En 1956, quand la guerre d'Algérie se développe, le gouvernement permet de régulariser tout étranger qui vient en métropole comme touriste, sans contrôle préalable. Très rapidement, les Européens reprennent le dessus en nombre par rapport aux Algériens – 430 000 entre 1956 et 1962, principalement Espagnols et Italiens, contre 120 000 musulmans d'Algérie.

En mars 1962, pour garantir aux pieds-noirs (dont on pense alors qu'une majorité restera en Algérie) la libre circulation entre l'Algérie et la France, les accords d'Evian la prévoient pour les ressortissants des deux pays. Dès la fin 1962, devant l'afflux de travailleurs algériens, le gouvernement français renégocie les accords d'Evian et favorise l'arrivée de migrants d'Italie, d'Espagne, du Portugal surtout, puis de Yougoslavie ou de Turquie, enfin du Maroc et de Tunisie. En 1964, les accords Nekkache-Grandval prévoient le contingentement de l'immigration algérienne : son nombre est fixé par la France et sa composition par l'Algérie.

Le 19 septembre 1973, c'est pourtant l'Algérie qui décide l'arrêt de toute émigration vers la France. En cause : les attentats racistes perpétrés contre les Algériens dans les mois de l'été. M. Yvon Chotard, vice-président du CNPF (Conseil national du patronat français), déclare le même jour que l'économie française a besoin des travailleurs algériens. Quand, après la guerre du Kippour d'octobre 1973, les pays arabes décrètent l'embargo du pétrole, le magazine *L'Expansion* imagine un scénario où une OPEM (Organisation des pays exportateurs de main-d'œuvre) viendrait à être créée pour menacer, après le pétrole bon marché, la deuxième source de richesse des entreprises européennes, la main-d'œuvre bon marché.

Mais ce n'est pas ce scénario-là qui se déroule : l'Allemagne interrompt son immigration de travail en novembre 1973. Et dès son élection en mai 1974, sous l'impulsion du secrétaire d'Etat André Postel-Vinay, Valéry Giscard d'Estaing suspend l'immigration vers la France. Pendant la première partie de son septennat, le nouveau président considère l'immigration comme un sujet susceptible de séduire la gauche, au même titre que le droit de vote accordé aux jeunes de dix-huit ans ou le droit à l'avortement. Il reçoit des éboueurs à l'Elysée et assouplit le régime des titres de travail. Il ne suspend que six mois l'immigration familiale qui ne s'était pas interrompue *de facto* et que la Constitution protégeait.

Mais quand la préoccupation de l'inflation cède la place dans l'opinion publique à celle du chômage, Valéry Giscard d'Estaing parie sur le remplacement des immigrés par les Français comme moyen de lutter contre le chômage. Il négocie le départ volontaire ou forcé vers l'Algérie de 500 000 Algériens en cinq ans. L'Algérie n'en veut pas. Sans accord de l'Algérie, renvoyer les Algériens dans leur pays suppose de dénoncer les accords d'Evian, ce que Giscard est prêt à faire. Il faudrait alors que le régime général du droit des étrangers permette ce retour forcé.

Le gouvernement présente du coup un projet de loi permettant le non-renouvellement des titres de séjour et de travail sur la base de quotas par département. Ces derniers ont bien entendu été étudiés pour que les départements hébergeant le plus de Maghrébins aient le taux de renouvellement le plus bas. La gauche et les Églises se mobilisent contre ce projet, le Conseil d'Etat ne le valide pas et les gaullistes, Charles Pasqua en tête, refusent de le soutenir[5].

Mais Giscard persévère par la voie diplomatique. Le 18 décembre 1979, au cours d'un conseil restreint qui se tient à l'Elysée, il donne l'ordre au ministre des Affaires étrangères de négocier avec Alger le retour de 35 000 adultes par an. Le compte rendu est annoté par Valéry Giscard d'Estaing de ces mots : « Eviter de parler de quotas d'enfants. »

Quand j'ai trouvé ce document dans les archives du Quai d'Orsay, je n'en croyais pas mes yeux. J'ai demandé un rendez-vous avec l'ancien ministre des Affaires étrangères de l'époque, Jean François-Poncet, devenu président de la commission des affaires économiques et financières du Sénat. Ce dernier a validé ma découverte et m'a dirigé vers Claude Chayet qui était le directeur du service en charge des étrangers dans son ministère. Celui-ci m'a raconté l'histoire suivante : un jour, François-Poncet le convoque pour lui dire : « Le président Valéry Giscard d'Estaing tient beaucoup au projet de retours forcés, qu'en pensez-vous ? » Interloqué, Chayet lui répond : « Mais comment pouvons-nous faire ? Nous allons déclarer du jour au lendemain les titres de séjour de dizaines de milliers de personnes

invalides et envoyer la police et la gendarme-
rie les chercher dans leur maison, les arrêter
contre leur gré pour ensuite les forcer à monter dans des cars, des trains, puis des bateaux
et tout ceci devant les caméras de télévision du
monde entier ? Et les enfants, ils sont français,
qu'est-ce qu'on va en faire ? Vous allez sépa-
rer les familles ? Déporter, avec leurs parents,
des enfants français ? » Jean François-Poncet
est devenu blême, puis il lui a répondu : « J'ai
compris. »

Valéry Giscard d'Estaing n'a pas été suivi
dans son propre gouvernement, ni par son
Premier ministre Raymond Barre, ni par ses
alliés politiques, parce qu'en 1975, il n'était
plus possible de faire ce qu'on pouvait faire
dans les années 1930.

François Mitterrand, élu en mai 1981,
rompt avec cette politique. Le 3 décembre
1983, un peu plus de deux ans après son arrivée au pouvoir, il reçoit une délégation de la
Marche pour l'égalité et contre le racisme, dite
« marche des Beurs », démarrée à Vénissieux en
octobre, conduite par Toumi Djaïdja. François
Mitterrand lui annonce qu'il est favorable à la
carte de dix ans, un titre unique – de séjour et
de travail – d'une durée de dix ans renouvelable
qui donne une sécurité du séjour. Quelques
mois plus tard, à l'Assemblée nationale, Jean
Foyer, au nom du RPR, soutient ce projet de
loi. Même s'il n'est voté à l'unanimité qu'en

première lecture, juste avant que le Front national ne fasse un score imprévu aux élections européennes, il marque un premier consensus droite-gauche. Les étrangers qui ont vu leur titre de séjour renouvelé au fur et à mesure que leur séjour s'installait dans la durée, se voient confirmer le droit de rester en France.

En 1984, une nouvelle période s'ouvre. Elle va durer quinze ans durant lesquels droite et gauche s'affrontent sur la position à adopter face à l'arrivée de nouveaux immigrants. Charles Pasqua instaure les visas, interdit l'immigration des familles polygames, se prononce en faveur d'une politique d'«immigration zéro». Une position intenable quand on sait ce qui constitue le plus gros contingent d'immigration légale – 50 000 Français choisissent chaque année des conjoints étrangers, auxquels s'ajoutent les réfugiés politiques persécutés dans leur pays que la France s'est toujours fait un devoir de protéger. En 1998, droite et gauche finissent par reconnaître que l'immigration zéro est un mythe, que l'immigration légale recouvre trois catégories : l'asile politique ; le lien de famille (tous deux fondés sur des droits de plus en plus contrôlés) ; et l'immigration de travail dont le volume est à la discrétion du gouvernement.

Quel enseignement tirer de cette histoire ? Au total, après des années de batailles, de débats et de lois, pour l'entrée comme pour le séjour en France, nos dirigeants n'ont fait que redécouvrir une vieille tradition française : une fois sur le territoire national, tout le monde est traité à égalité. Du temps même de l'esclavage, dès qu'un esclave arrivait en métropole, il était libre, parce que le seul fait de toucher le sol de la métropole entraînait l'immédiate et absolue liberté[6]. Le propriétaire perdait donc son esclave.

Le peuple français a été consulté sur l'immigration plus que sur toute autre politique publique. Il a par exemple approuvé par référendum les accords d'Evian, qui prévoyaient la libre circulation entre la France et l'Algérie. Quand les gouvernements français ont agi sans son accord explicite, c'est souvent pour prendre des mesures restrictives à l'encontre de l'immigration non européenne (de Gaulle en 1945 et en 1962, après les accords d'Evian), ou favorables à l'immigration européenne (Guy Mollet en 1956). Alexis Spire a aussi montré que lors des renouvellements de titres de séjour, c'étaient les Européens, les Occidentaux qui étaient favorisés, avant qu'au final chacun ne bénéficie d'un statut de résident stable[7].

Certains, comme Alain Finkielkraut, ont dit et continuent de répéter que l'arrêt de l'immigration de travail aurait entraîné comme effet pervers l'augmentation de l'immigration familiale. C'est l'inverse qui est vrai. L'arrêt de l'immigration de travail a provoqué une baisse – on pourrait même dire une forte baisse – de l'immigration familiale qui à l'époque est principalement constituée des familles de résidents étrangers qui entrent en France au titre du regroupement familial. En 1970, son flux est de 84 075, en 1974 de 73 700, en 1978 de 45 000. Après deux années au-delà de 50 000 en 1982 et 1983, elle baisse à nouveau pour se retrouver aux alentours de 30 000 par an à la fin des années 1980. Simplement sa composition change : en 1970 sur 84 000 nouveaux immigrants familiaux il y a 47 000 Portugais, 10 000 Espagnols et 5 900 Marocains. En 1988 sur 29 000 nouveaux entrants, il y a 12 800 Marocains, 5 800 Algériens, 5 200 Turcs[8]. Mais soyons clairs : si l'immigration de travail avait continué après 1974, le regroupement familial aurait augmenté et sa composition aurait aussi changé car elle a toujours suivi, avec un temps de décalage, l'évolution de la composition de l'immigration de travail.

Revenons au « moment Giscard d'Estaing ». Imaginons un instant ce qui se serait passé dans notre pays si le gouvernement, sur ses ordres, avait passé outre à toutes les oppositions et tenté de mettre en œuvre l'arrestation puis le retour forcé vers leur pays d'origine des immigrés algériens, puis marocains ou tunisiens, installés depuis des dizaines d'années en France, et de leurs enfants, le plus souvent français (ou les avait séparés de leurs enfants). Je crois qu'une partie du pays se serait levée pour empêcher ces départs, dans un climat de guerre civile. Des juges auraient été invités à surseoir à la décision. La mobilisation aurait été nationale et internationale.

Car après 1945, dans tous les pays occidentaux, progressivement, la prise de conscience de l'Holocauste, l'émergence des nations du tiers-monde avaient contribué à rendre illégitime l'expression publique de préjugés « racialistes » fondés sur une hiérarchie des ethnies ou des nations ou la préférence manifestée sous forme de quotas par origine ou sous toute autre forme. Tous les grands pays démocratiques d'Europe ou d'Amérique du Nord, qui affichaient explicitement des préférences par origine, ont corrigé leur législation. Ce fut le cas des Etats-Unis d'Amérique en 1965.

Tous ceux parmi ces pays qui avaient prévu un statut temporaire pour leurs immigrés ont finalement garanti leur installation durable à mesure que leur séjour se prolongeait. Ainsi de l'Allemagne dès 1972. Dès lors que les personnes s'installent dans un pays et qu'elles y vivent en respectant les lois, elles s'intègrent et y créent des liens sociaux et affectifs. Et quand on a émigré il y a dix, quinze, vingt ans, on se sent chez soi dans le pays où l'on réside.

La France se trouva donc dans une situation particulière. Son ordonnance de 1945 était prémonitoire. Elle ne prévoyait pas de sélection par l'origine et permettait l'installation de plus en plus durable de l'immigré au fur et à mesure que son séjour se prolongeait. Elle n'avait pas besoin d'être modifiée, comme le furent les législations américaine et allemande, pour mieux respecter des droits fondamentaux de l'homme. A rebours de l'évolution du monde, un président de la Ve République tenta de faire triompher une politique de retours forcés et échoua. A ce moment-là de l'histoire de la politique d'immigration, les forces de la société française, des partis politiques, des syndicats, des Eglises, des associations se sont levées pour faire respecter le principe de non-discrimination à l'égard de tous les immigrés, quelle que soit leur origine. C'eût été, autrement, une déportation, sans extermination, et la France n'a pas voulu revivre ça.

2

Assimilation, insertion, intégration, nationalité: les enseignements de l'Histoire

La question migratoire est autant un affrontement politique qu'un champ de bataille sémantique. Des émeutes de décembre 2005 aux attentats de janvier 2015, une frange de l'espace médiatique évoque l'«échec de l'intégration» et prône le retour de l'«assimilation». Faut-il assimiler les immigrés, les intégrer, leur accorder la nationalité française?

Jusque dans les années 1970, l'immigration était principalement une immigration de travailleurs peu qualifiés parce que c'était ce dont les entreprises avaient décrété avoir besoin. Elles transformaient le plus souvent ces travailleurs en des robots humains à intégrer dans les chaînes automobiles ou dans les mines, et on ne recherchait surtout pas des gens éduqués, dont on craignait qu'ils revendiquent des droits.

Entre 1973 et 1985, la baisse générale de l'emploi touche 507 000 personnes dont

435 000 étrangers, soit 83 % de cette baisse générale et 29 % du total de l'emploi étranger.

Pendant ce temps, au lieu de répartir les immigrés et leurs familles venus des bidonvilles dans le logement HLM, grâce aux centaines de millions de francs dégagés chaque année du 1 % logement, on les concentre dans les habitations les plus vétustes, volontiers abandonnées par leurs précédents occupants[9].

On a aussi abandonné le mot « assimilation », à gauche comme à droite, car il sent trop l'irrespect de la différence : on se met donc à parler d'« insertion ». Non sans ambiguïté, car permettre au groupe de conserver sa culture, au nom du droit à la différence, cela peut permettre de s'installer en France, mais aussi de préparer son retour au pays. Avant que Le Pen ne clame le droit des Français à être différents, que le retour ne soit plus d'actualité et que peu à peu le terme d'« intégration » s'impose, parce qu'il n'impose pas. Parler d'intégration, c'est en effet constater l'interaction entre les Français et des migrants étrangers qui, minoritaires, doivent faire le plus gros effort d'adaptation sans que leur apport soit cependant nié.

Mais ce qui est sous-jacent à ces politiques et ces variations sémantiques, c'est l'incertitude quant à l'avenir. Tous les immigrés du monde se posent la question quand ils arrivent dans un pays : vais-je rester ou repartir ? Pour beaucoup d'entre eux, la réponse peut varier au fil du temps. On arrive pour s'installer et on repart finalement. On vient temporairement et finalement on reste. Mais ce qui varie peu dans les pays d'immigration c'est la règle du jeu en matière de nationalité. Aux Etats-Unis, elle est inscrite dans la Constitution depuis 1868 : naître aux Etats-Unis, c'est être Américain.

En France cela paraît moins clair. Entre 1982 et 1998, le droit de la nationalité a été l'objet de vifs débats. Il faut en revenir au droit du sang, disait Giscard en 1991. Non, le droit du sol est notre tradition historique, répondait la gauche. La nationalité, c'est une volonté, répliquait Alain Finkielkraut en référence à Ernest Renan. Ce débat contribuait à rendre plus confuse, s'il en était besoin, la connaissance de notre histoire et notre tradition. Il est donc bon de la rappeler – rapidement – avant de comprendre pourquoi elle fut mise en cause.

En 1803, la première partie du Code civil instaure la filiation paternelle, appelée plus tard *jus sanguinis*, comme voie exclusive de transmission de la nationalité française à la naissance[10]. C'est une rupture avec tout ce qui se pratique alors en Europe. A la question « qu'est-ce qu'un Français ? » on répondait, sous l'Ancien Régime : celui ou celle qui est né(e) et demeure en France. Mais autant, sinon plus que le *jus soli*, le critère de la résidence était fondamental pour l'attribution de la qualité de Français. Si un Français né en France partait résider à l'étranger sans esprit de retour, il perdait sa qualité de Français. Si un Français était né à l'étranger d'un père français, il ne pouvait se voir attribuer la qualité de Français qu'en venant résider en France. C'était le signe de l'allégeance au roi. Le nouveau *jus sanguinis* du Code civil n'a rien d'ethnique : il s'agit surtout de rompre avec cette féodalité. Désormais, la nationalité devient un droit de la personne, indépendant de l'Etat : elle se transmet comme le nom de famille, par le père, que l'on soit né en France ou à l'étranger.

Mais du coup, les enfants nés en France de parents étrangers restent étrangers. Ils échappent ainsi au tirage au sort pour le service militaire, réinstitué en 1818, qui peut durer de six à huit ans pour les jeunes Français. Au nom de l'égalité des devoirs, les élus des régions frontalières réclament donc que les enfants d'étrangers nés et éduqués en France, « Français sociologiques » bien qu'étrangers en droit, se voient imposer la qualité de Français. En 1889, ils sont soutenus par la crainte du nombre grandissant d'étrangers en Algérie – les enfants de colons allemands, espagnols ou italiens conservent la nationalité de leurs parents – et par celle de l'irrédentisme en Savoie et à Nice, récemment rattachés à la

France. Juste après que le service militaire obligatoire est établi, le *jus soli* obligatoire est rétabli. La loi de 1889 impose à l'enfant né en France d'un parent étranger lui-même né en France (c'est le double *jus soli*) d'être irrévocablement Français à la naissance, tandis que l'enfant né en France de parents étrangers (simple *jus soli*) devient Français à sa majorité. C'est un droit du sol fondé sur l'éducation, la socialisation en France, la résidence passée alors que sous l'Ancien Régime, c'était la résidence présente et future qui était exigée.

Ce ne sont pas les besoins démographiques de la France ou de l'armée qui justifient la nouvelle loi : les petits-enfants d'étrangers incorporables sont estimés à moins de 4 000, comparés aux 300 000 Français de sexe masculin qui atteignent alors chaque année l'âge du service. C'est le principe d'égalité des devoirs qui en fait s'impose car « il s'agit de véritables Français réclamant la qualité d'étrangers dans le but unique d'échapper à la loi de recrutement [11] ».

En revanche, après la Première Guerre mondiale, la loi de 1927 est adoptée, avec des visées populationnistes et démographiques : trois ans de séjour suffisent pour se faire naturaliser. Le consensus est total, entre la droite et la gauche républicaine, pour cette nouvelle approche de la naturalisation. Avant 1927, c'était une procédure très longue, il fallait être admis à domicile et, dix ans après, on pouvait se faire naturaliser : « l'assimilation de droit constatait l'assimilation de fait ». Avec le critère des trois ans, « aux diagnostics d'hier » on substitue des « pronostics ». A partir de cette date et jusqu'en 1940, 65 000 étrangers acquièrent chaque année la nationalité française.

Dès après le vote de la loi de 1889, Maurice Barrès, nationaliste d'extrême droite, développait la théorie du grand remplacement « fatalement accompli, à brève échéance, si l'on n'y met pas bon ordre : aujourd'hui, parmi nous, se sont glissés de nouveaux Français que nous n'avons pas la force d'assimiler [...] et qui veulent nous imposer leur façon de sentir. Ce faisant, ils croient nous civiliser ; ils contredisent notre civilisation propre. Le triomphe de leur manière de voir coïnciderait avec la ruine réelle de notre patrie. Le nom de France pourrait bien survivre ; le caractère spécial de notre pays serait cependant détruit [12] ».

Plus tard, dans le contexte de la Première Guerre mondiale, lorsque la contestation du droit du sol se poursuit, la gauche rétorque que le droit du sang, c'est l'Allemagne raciale. Cette association droit du sang-Allemagne raciale disqualifie l'Action française qui, défaite idéologiquement, concentre dès lors ses attaques sur les naturalisations après la loi de 1927 [13].

Avant son adoption, l'avocat Marie de Roux dénonce dans *L'Action française* l'inflation de la nationalité et la fabrique de «Français de papier[14]». Après le vote de la loi, l'industriel François Coty, directeur du *Figaro*, s'exprime beaucoup plus violemment dans un éditorial à la une de son quotidien, exposant à nouveau de façon radicale la théorie du grand remplacement[15] :

« Trois millions de Français, vigoureux, sains, honnêtes, ont été poussés à l'abattoir pour qu'on pût leur substituer la vermine du monde. [...] Le gouvernement occulte des Trois Cents, qu'a défini Walter Rathenau, et qui constitue la véritable Internationale, a décidé de remplacer la race française en France par une autre race ; elle a réglé d'abord la destruction des vrais Français ; elle règle ensuite l'introduction des néo-Français ; et les démagogues internationalistes exécutent ses ordres[16] [...]. Les ennemis naturalisés ne peuvent plus être expulsés ; ils sont chez eux comme chez nous ; ils ont les mêmes droits que nous à l'intérieur de nos murailles – que dis-je les mêmes droits ! Ils s'érigent en directeurs politiques, directeurs intellectuels, directeurs sociaux ; ils nous donnent des leçons de civisme ; ils imposent à nos jeunes gens et à nos ouvriers leurs doctrines de sans-patrie – en attendant qu'ils nous chassent ou qu'ils nous exterminent. »

En 1939, Georges Mauco mais aussi Darquier de Pellepoix soutiennent l'importation d'une législation nazie datant de 1933 pour réviser l'ensemble des naturalisations décidées depuis 1927. Dès juillet 1940, Vichy la reprend. Les juifs sont la cible prioritaire – plus de 6 000 parmi 15 154 dénaturalisations décidées. En outre, 446 déchéances de la nationalité française touchent les Français qui ont quitté le territoire national, le plus souvent pour continuer le combat : de Gaulle, Mendès France puis Darlan. La politique de dénaturalisations n'est pas isolable de l'ensemble de la politique raciale, prioritairement antisémite, du régime de Vichy, ainsi que le confirme en 1941 Charles Rochat, secrétaire général du ministère des Affaires étrangères, dans une lettre adressée au garde des Sceaux :

> « Notre gouvernement a, depuis l'armistice, une politique raciale. D'une part, une commission relevant de votre Chancellerie procède à la révision des naturalisations trop facilement accordées ; d'autre part, une législation récente élimine très largement les israélites de l'économie française [17]. »

En 1943, à Alger, où, après le débarquement allié, s'est installé le Comité français de libération nationale coprésidé par de Gaulle et Giraud, François de Menthon, résistant de la première heure, commissaire à la Justice, exprime son souhait de conserver la loi du 22 juillet 1940 qui a permis à Vichy de réviser l'ensemble des naturalisations intervenues depuis 1927 : « Les naturalisations trop nombreuses, dans les années qui ont immédiatement précédé la guerre, d'éléments israélites douteux, ont donné prétexte à un antisémitisme qui peut poser au jour du retour un certain problème. Ce ne serait pas y parer par avance que d'annuler a priori toutes les mesures de retrait qui sont intervenues[18]. » Ce n'est qu'à la suite d'une vive réaction de René Cassin et du comité juridique de la France libre, qui doit intervenir à deux reprises, que de Gaulle et le CFLN annulent la loi de Vichy sur les dénaturalisations et que les dénaturalisés sont réintégrés dans la nationalité française.

Un nouveau débat a lieu en 1945, à la Libération : Georges Mauco, secrétaire général du Haut Comité de la population, est à la tête des partisans de la sélection ethnique des immigrés, mais aussi des naturalisés. Finalement, Pierre-Henri Teitgen, garde des Sceaux, l'emporte : les naturalisations se feront au cas par cas, priorité sera donnée aux résistants, l'origine ethnique ne sera qu'un des critères – secondaires – d'appréciation des dossiers et le Code de la nationalité de 1945 reprend, à quelques restrictions près (par exemple le séjour minimum exigé avant une naturalisation

passe de trois à cinq ans) les principales dispositions de la loi de 1927[19].

Nous avons vu, tout au long du déroulé de
l'histoire de la politique d'immigration d'après-
guerre, la place très particulière de l'Algérie.
Eh bien ce qui s'est passé sur le statut du séjour
des étrangers va se reproduire en matière de
nationalité. Parce que l'Algérie a été partie
intégrante de la France depuis 1848, même
si les musulmans d'Algérie qui constituaient
la majorité de sa population n'ont jamais eu
une nationalité pleine et entière, ils ont béné-
ficié, en métropole, d'un statut plus protégé
que les autres migrants en tant que Français
jusqu'en 1962. Comme le fait remarquer
Abdelmalek Sayad, « les immigrés algériens
[...] se trouvent dans un rapport tout à fait
exceptionnel à l'égard de la nationalité française. L'indépendance de l'Algérie a eu pour
effet, logique et immédiat, un changement
dans le statut politique des "immigrés" [...] du
jour au lendemain, les mêmes immigrés qui,
dans le passé, avaient été faits Français par une
série de mesures collectives devenaient dans
leur immense majorité, par suite d'une autre
mesure collective, des immigrés algériens, c'est-
à-dire des immigrés comme les autres[20] ». Dans
le même temps arrivent en masse des pieds-
noirs et des juifs de pleine nationalité française,

et finalement ceux qu'on va appeler des *harkis* ou Français musulmans débarqués en France contre les ordres du ministre de la Défense Pierre Messmer.

Les harkis, sauf s'ils font partie des 6 000 musulmans d'Algérie faits pleinement Français entre 1865 et 1962 ou de leurs descendants, sont des Français de second rang et doivent réclamer la pleine nationalité française pour se la voir accorder. Les nouveaux Algériens sont d'abord fiers d'avoir voulu l'indépendance et de s'être parfois battus pour elle. Mais l'économie de leur jeune pays ne leur permet pas de trouver du travail, certains viennent même d'arriver en France. Ils croient encore aux discours de leur président leur promettant le retour et ne perçoivent pas, le plus souvent, son double jeu. En janvier 1974, quelques mois après l'arrêt de l'immigration algérienne, voici ce que dit le président Houari Boumédiène à l'ambassadeur de France en Algérie : « Je veux que la France prenne des mesures pour assurer la dignité et la sécurité des ressortissants algériens. Mais après tout, si les Algériens vivent en France dans des bidonvilles, beaucoup vivent en Algérie dans des conditions de vie pires encore. D'ailleurs quand on quitte son pays pour gagner sa vie, cela sert à faire le plus d'économies possible et du même coup, on accepte de vivre pauvrement ou même misérablement [21]. » Boumédiène attend que les Algériens immigrés en France envoient le maximum d'argent en Algérie et ne souhaite pas qu'ils dépensent pour l'éducation de leurs enfants ou leur logement et leur avenir en France.

A la fin des années 1970, nous avons donc une gauche qui ne veut plus trop de la nationalité pour les Algériens par solidarité avec eux – eux n'y songent pas, ils ne peuvent pas la demander : ils ont combattu pour la nationalité algérienne indépendante – et considèrent souvent la nationalité comme le symbole du nationalisme. La gauche préfère se battre pour les droits sans la nationalité. C'est à ce moment-là que naît la revendication du droit de vote pour les immigrés, inscrit dans la plate-forme du parti socialiste en 1978. Une partie de la droite souhaite qu'ils ne deviennent pas Français, tout comme leur Etat d'origine.

Soudain, au début des années 1980, une partie de la France découvre que les enfants des Algériens – dont certains souhaitaient le départ – sont en fait Français. Ils sont en effet nés en France d'un parent né en Algérie avant 1962, du temps où l'Algérie était territoire français. Ils sont donc Français par l'effet du double *jus soli.*

Pour ces enfants, qui sont aussi Algériens, et pour leurs parents, cette disposition qui s'impose, sans possibilité de renonciation (laissée aux enfants nés de parents étrangers, par exemple marocains[22]), ne va pas sans créer de difficultés. Mais tant que le problème de la double nationalité était identitaire – pour ces enfants et leurs parents – ou diplomatique – pour la France et l'Algérie –, on en est resté là.

L'année 1982 constitue de ce point de vue un tournant : faute d'accord bilatéral, le premier contingent de jeunes gens appartenant aux deux nationalités doit cette année satisfaire aux obligations du service national dans les deux pays. L'Algérie souhaite que la France n'applique pas unilatéralement son double *jus soli* – qui date de 1889 – à l'Algérie, mais Paris le maintient, car y renoncer eût été admettre que l'Algérie n'était pas, avant 1962, un territoire français. Cela aurait en outre soulevé des problèmes de preuve de nationalité française, quasi insurmontables, pour les rapatriés d'Algérie.

Devant le constat de l'installation définitive de ses ressortissants, l'Algérie reconnaît finalement la double nationalité. Un accord sur le service national est signé avec la France, qui laisse la possibilité aux jeunes Franco-Algériens d'effectuer leur service en France ou en Algérie, au choix. La France est satisfaite : elle n'a pas cédé sur un élément traditionnel de son droit de la nationalité. Or abandonner cette tradition parce qu'elle aboutit à intégrer les enfants d'Algériens dans la nationalité française, c'est justement ce que va proposer une partie de la droite française à partir de 1983 !

En 1984, le député Alain Griotteray prône l'instauration d'un strict *jus sanguinis* accompagné d'une procédure de naturalisation qui permettrait de mieux « sélectionner » l'origine des nouveaux Français. En 1986, le groupe RPR à l'Assemblée nationale propose aussi la suppression du *jus soli.* Le projet de loi du gouvernement déposé la même année va moins loin : le double droit du sol est maintenu, car y renoncer aurait eu pour effet de remettre en cause le procédé simple et pratique de preuve de la nationalité française pour la très grande majorité des Français (pour démontrer aisément que l'on est Français, il suffit toujours aujourd'hui de prouver que l'on est né en France d'un parent né en France).

La vive opposition rencontrée dans la jeunesse étudiante contraint le gouvernement à reculer : une commission de « sages » est mise en place, présidée par Marceau Long. Contesté à droite (au Front national ou par Valéry Giscard d'Estaing) ou à gauche (par SOS Racisme), son rapport ne remet en cause ni le *jus soli*, ni la conception ouverte de la nationalité française. Sa principale proposition, adoptée dans la loi de 1993, porte sur l'acquisition de la nationalité française par l'enfant né en France de parents étrangers. Jusqu'alors, elle intervenait durant la minorité, si les parents effectuaient au nom de l'enfant une déclaration, ou automatiquement à sa majorité. Dorénavant, ces jeunes doivent manifester leur volonté d'être Français, par une déclaration effectuée entre 16 et 21 ans. En 1998, en raison de ses inégalités d'application, la loi de 1993 est légèrement corrigée : dorénavant, le jeune né en France peut manifester sa volonté d'être Français entre 13 et 18 ans – entre 13 et 16 ans, avec l'autorisation des parents. Mais à 18 ans, il devient Français automatiquement, sauf s'il exprime le désir contraire.

Le droit français, dans sa tradition républicaine, insoucieuse de l'origine mais attentive au processus de socialisation de tous les jeunes nés en France de parents étrangers, a embarqué dans notre nationalité les enfants d'Algériens. Il l'a fait dans l'incompréhension de la gauche puis avec son soutien, contre une partie de la droite et contre l'Algérie, mais avec la complicité des parents algériens de ces jeunes. Abdelmalek Sayad montre comment, dans le contexte de l'acceptation du caractère permanent de leur installation en France et de l'abandon du « mythe » du retour, une évolution s'était produite chez ceux qui, quelques années auparavant, pouvaient clamer leur refus d'être Français « malgré eux » : « les bénéficiaires de la nationalité [française] acquise sans l'avoir

demandée au préalable s'en accommodent
bien, et ce ne sont pas les protestations de
circonstance (qui peuvent être parfaitement
sincères par ailleurs) qui peuvent convaincre
du contraire. Leur entourage, qui n'aurait pas
accepté l'acte de naturalisation selon la procédure ordinaire, se montre soulagé, après coup,
que la nationalité française (les "papiers français" comme on dit) soit advenue d'elle-même,
telle une contrainte imposée collectivement :
c'est le lot commun de tous et non pas le résultat d'un acte individuel et volontaire par lequel
certains se singulariseraient et se sépareraient
des autres.[...] En dépit des protestations de
toutes sortes qu'il est de bon ton de proclamer,
en dépit du sentiment de culpabilité ou de
simple malaise qui continue à habiter les naturalisés, la naturalisation qu'on dit "forcée" finit
par susciter comme une satisfaction qui, pour
toute une série de raisons, demande à rester
secrète et, parfois, résignée [23] ».

En 1983, la « marche des Beurs », une demande
de reconnaissance par la société et par l'Etat de
la première génération d'enfants de migrants du
Maghreb, concrétise cette évolution.

3

Liberté pour l'histoire ou permis d'amnésie ?

Hier prompts à dénoncer les dérives racistes et à venir au secours des réfugiés, certains intellectuels tournent aujourd'hui leur critique vers la « bien-pensance » angélique des apôtres de la société métissée ou fustigent la « concurrence des victimes ». Ainsi pour Alain Finkielkraut, l'antiracisme serait devenu « le communisme du XXIe siècle ». D'autres reprennent à l'écrivain Renaud Camus la théorie du « grand remplacement » du peuple français « de souche » par d'autres populations, principalement venues du Maghreb et d'Afrique. Comment expliquez-vous ce glissement de terrain idéologique et comment éviter ce conflit des mémoires qui s'empare des débats autour de notre histoire ?

Le seul grand intellectuel dans cette période, qui ait à mon sens tout compris sur le moment, c'est Abdelmalek Sayad [24]. Il étudie les immigrés algériens, il est aussi des leurs. Ils lui parlent d'autant plus qu'il les comprend intimement. Il les appréhende dans leur universelle humanité d'immigrés partagés entre deux rives. On a vu la finesse de son analyse du rapport entre immigrés algériens et nationalité française. Très récemment, Benoit Falaize et Smaïn Laacher ont publié des textes inédits de Sayad consacrés à *L'École et les enfants de l'immigration*[25]. Sayad avait démissionné d'une commission créée à l'initiative de Jean-Pierre Chevènement et présidée par Jacques Berque, professeur au Collège de France, qui avait proposé de remplacer les cours de langues et cultures d'origine dispensés depuis 1973 par des enseignants de nationalité algérienne, marocaine, portugaise, tunisienne ou turque aux enfants scolarisés appartenant à ces nationalités, par des enseignements de langues et cultures de l'immigration pour *tous* les élèves de l'école élémentaire, et le remplacement de l'expression «cultures d'origine» par celle de «cultures d'apport».

Sayad considérait que «les immigrés attendent de l'école, et plus précisément de la "métamorphose" que celle-ci est censée opérer sur la personne de leurs enfants [...] qu'elle leur autorise ce qu'ils ne peuvent s'autoriser eux-mêmes, à savoir s'enraciner, se donner à leurs propres yeux et aux yeux des autres une autre légitimité». Pour Sayad, la scolarisation est une «naturalisation». «Pour que l'école soit à l'aise dans son entreprise de scolarisation d'enfants d'"étrangers", il lui faut croire à l'universalité de son action. De la même manière,

45

pour que les immigrés acceptent de scolariser leurs enfants dans une école qui leur est "étrangère" il leur faut croire eux aussi à la valeur "universelle" de l'école et d'une école pourtant particulière[26]. » Contre les approches culturalistes alors et toujours en cours, Sayad préconise d'authentiques apprentissages historiques en rupture avec une certaine approche ethnocentrique de l'apprentissage de l'histoire[27].

En face, nous avons une petite catégorie d'intellectuels qui reprennent à leur compte, bien avant Renaud Camus, les théories complotistes du grand ou du petit remplacement :

Paul Yonnet est un des auteurs préférés de la revue *Le Débat*, où il publie régulièrement, depuis sa fondation en 1980 jusqu'à son décès en 2011. En 1990, dans le numéro du 10e anniversaire de la revue, il publie deux articles dont « Le nouvel ordre moral ». Dans un passage de cet article consacré à la présence de l'immigration et de musulmans, il écrit : « Que propose le gouvernement de Michel Rocard [aux Français] ? Leur apprendre, dès l'école, à connaître ces cultures et ces modes de vie étrangers. L'ordre moral sans cesse redonné par les médias de respecter le droit à la différence vise à laisser dans l'informulé une grande entreprise au long terme de déportation culturelle de l'identité française : les Français doivent entendre qu'ils ont le devoir d'être désormais différents »…

« Les historiens futurs, ajoute M. Yonnet, devront s'intéresser au rapport existant entre cette tentative de déplacement forcé menée en tête par les socialistes, de défrancisation ou de refrancisation ailleurs, selon les points de vue et le séculaire programme, jamais abandonné, de la revanche protestante : noyer le catholicisme gallican dans la multi-confessionnalité (l'influence protestante est grande dans le gouvernement socialiste, Rocard, Jospin, etc.). » Yonnet conclut ce passage de son article en mentionnant le fait que le même jour, le 28 mars 1990, un même Conseil des ministres a célébré la journée mondiale antiraciste et annoncé le lancement d'une campagne anti-alcoolique : « On devine où je veux en venir : la coïncidence qui voit un même Conseil des ministres s'attaquer sans précaution à l'un des piliers de l'identité française tout en invitant les Hexagonaux à se préparer à recevoir en leur sein des identités autres dont l'une, majeure, interdit purement et simplement le recours à l'objet de l'attaque, cette coïncidence en forme d'aveu est fortuite quant à la date, non quant à la période[28]. »

Quelques années plus tard, réagissant aux déclarations de Jacques Toubon, garde des Sceaux, qui avait annoncé, suite à des déclarations de Jean-Marie Le Pen sur l'inégalité des races, qu'il transmettait à la Commission consultative des droits de l'homme un avant-projet de loi instituant un délit de « diffusion de messages racistes ou xénophobes», Bruno Latour conclut, dans sa tribune du *Monde* intitulée «Un nouveau délit d'opinion : faire de la politique», que ce sont les antiracistes qui naturalisent la race, «la substantialisent, en faisant une loi pour qu'on ne puisse plus en parler, pour qu'on ne puisse plus décider librement qui nous voulons être, et combien, et de quelle couleur de peau[29]». Ces auteurs ont une certaine centralité institutionnelle et ils légitiment les thèses défendues alors par Jean-Marie Le Pen et aujourd'hui par Renaud Camus, Eric Zemmour, en allant d'ailleurs au-delà d'eux dans le fantasme complotiste ou dans la justification du racisme. Mais ils sont marginaux, car leurs textes sont à l'époque passés inaperçus.

Je dirais tout autre chose d'intellectuels qui sont des collègues voire des amis que je respecte, qui ne sont ni racistes, ni complotistes, mais qui se sont fourvoyés après le vote de la loi Taubira, en 2001. Mais comme eux ont eu et ont toujours une vraie autorité et une influence déterminante, leur fourvoiement même porte en germe le problème principal que traverse notre pays (mais aussi la solution qu'on peut y apporter).

La loi Taubira comporte trois articles principaux : le premier reconnaît l'esclavage comme crime contre l'humanité, le deuxième instaure une journée de commémoration de son abolition et le troisième permet aux associations de défense de la mémoire des esclaves et de l'honneur de leurs descendants de se porter partie civile contre ceux qui nieraient l'esclavage comme crime contre l'humanité. Quelques années plus tard, l'un de mes collègues, Olivier Pétré-Grenouilleau, dans une interview au *Journal du dimanche*, évoque « le problème de la loi Taubira qui considère la traite des Noirs par les Européens comme un "crime contre l'humanité", incluant de ce fait une comparaison avec la Shoah. Les traites négrières ne sont pas des génocides. [...] Le génocide juif et la traite négrière sont des processus différents. Il n'y a pas d'échelle de Richter des souffrances [30] ». « Déclarations peu probantes intellectuellement : "génocide" et "crime contre l'humanité" ne sont pas synonymes [31] », constatera plus tard Marc Olivier Baruch. Toujours est-il que Pétré-Grenouilleau est alors l'objet d'une plainte en justice et d'une campagne du Collectif des Antillo-Guyanais-Réunionnais contre des propos qualifiés de « révisionnistes ». Ce qui donne l'occasion à Jean-Pierre Azéma, Elisabeth Badinter, Jean-Jacques Becker, Françoise Chandernagor, Alain Decaux, Marc Ferro, Jacques Julliard, Jean Leclant, Pierre Milza, Pierre Nora, Mona Ozouf, Jean-Claude Perrot, Antoine Prost, René Rémond, Maurice Vaïsse, Jean-Pierre Vernant, Paul Veyne, Pierre Vidal-Naquet et Michel Winock de demander

l'abrogation de ces dispositions législatives
« indignes d'un régime démocratique » :

> « L'historien n'accepte aucun dogme, ne
> respecte aucun interdit, ne connaît pas de
> tabous. [...] L'historien ne plaque pas sur le
> passé des schémas idéologiques contempo-
> rains et n'introduit pas dans les événements
> d'autrefois la sensibilité d'aujourd'hui [32]. »

Mes collègues dénonçaient la criminalisation
d'opinions, et sur ce point je leur donne pleinement raison. Mais ces historiens avaient aussi
entrepris de dispenser une leçon d'histoire ;
pour eux, ceux qui avaient fait la loi Taubira ne
connaissaient rien au principe de crime contre
l'humanité, principe établi en droit par le tribunal de Nuremberg, après la Seconde Guerre
mondiale, pour juger les criminels nazis.
Considérer l'esclavage comme crime contre
l'humanité était donc pour eux un anachro-
nisme historique.

Françoise Chandernagor, vice-présidente
de « Liberté pour l'Histoire », déclare : « Les
concepts de crime contre l'humanité et de
génocide sont récents [...] le crime contre l'humanité a été reconnu dans le droit international
en 1945 par le tribunal de Nuremberg ; le génocide en 1948 par une convention de l'ONU [33]. »

Et Pierre Nora, son président, écrit dans
le même ouvrage que la généralisation de la

notion de crime contre l'humanité « appliquée généreusement, et paresseusement, à des périodes lointaines, à des humanités incomparables qui n'étaient ni pires ni meilleures, mais différentes [...] aboutit à des absurdités[34] ».

Le problème, c'est qu'ils ont historiquement tort. Si paresse il y a, elle vient d'eux : celle de ne pas avoir fait leur travail d'historien. Le 27 avril 1848, en effet, le gouvernement de la République française abolit définitivement l'esclavage après qu'il eut été aboli une première fois en 1794, mais rétabli en 1802-1803 par Bonaparte[35]. Le décret d'abolition de l'esclavage, sur le rapport de Victor Schœlcher déclarant l'esclavage crime de lèse-humanité, défend en conséquence « à tout Français de posséder, d'acquérir, de vendre des esclaves ou de participer même indirectement au trafic de la chair humaine, *sous peine de perdre sa nationalité* ». C'est la reprise d'un dispositif – Pierre Serna, historien de la Révolution française, vient de le montrer – déjà décidé dès le lendemain de l'abolition de 1794 : l'esclavage avait été déclaré « crime de lèse-humanité » et le propriétaire déchu de la citoyenneté française[36]. On ne sait pas si cette peine a jamais été appliquée. En 1802, elle est *de facto* abolie par le rétablissement de l'esclavage. En 1848, avec la deuxième et définitive abolition, la voilà de retour, et cette fois durablement inscrite dans le droit français.

La déchéance de nationalité est la peine la plus radicale qui puisse être infligée à un Français. Quelle autre disposition prévoit la déchéance et le basculement possible dans l'apatridie sans procès et par simple décision administrative ? S'il tue le chef de l'Etat, un Français conservera sa nationalité, pas s'il pratique la traite d'esclaves[37]. Voici comment Schœlcher la justifie dans son rapport au gouvernement provisoire : « En purifiant nos colonies de l'esclavage qui les souille, le décret pourvoit, en outre, à ce qu'il ne puisse jamais les profaner : il étend à leur territoire cette vertu du sol de la France dont le seul contact communique la liberté. Il fait plus : il veut que le Français, en quelque pays qu'il réside, abdique le honteux privilège de posséder un homme : la qualité de maître devient incompatible avec le titre de citoyen français : c'est renier son pays que d'en renier le dogme fondamental[38]. » Celui qui pratique l'esclavage est devenu indigne d'être Français, il est banni de la nation et mis au ban de l'humanité.

Cette disposition est contestée par les juristes les plus éminents. Pour André Weiss, il s'agit « d'une anomalie, d'une exception [...] d'une peine plus dure que l'interdiction légale, que la dégradation civique, encourue de plein droit par un de nos nationaux, sans qu'aucun jugement l'ait prononcée contre lui, sans même qu'il y ait un tribunal compétent pour lui en faire l'application[39] ».

Les contemporains ont conscience qu'ils punissent là ce que l'on appelle aujourd'hui «un crime contre l'humanité». En 1794 et en 1848, on use du terme «un crime de lèse-humanité». En 1887, dans le cadre du débat qui aboutit à la grande loi sur la nationalité de 1889, le rapporteur au Sénat M. Batbie, professeur à la faculté de droit de Paris, souhaite comme la majorité des juristes, l'abrogation de la disposition de 1848, parce que son application risque de créer des apatrides: «On m'objecte que ce Français s'est mis hors du droit de l'humanité [...]. Il y a bien d'autres criminels qui se placent par des faits plus graves en dehors des lois de l'humanité [40].» La Chambre des députés ne le suit pas et maintient dans le droit français, pour la pratique de la traite ou de l'esclavage, cette peine exceptionnelle de la déchéance de la nationalité française. Cette disposition reste en vigueur presque un siècle, jusqu'à la promulgation de l'ordonnance du 18 octobre 1945 sur la nationalité [41], au moment où les «vieilles colonies» prennent le statut de droit commun et égalitaire de départements d'outre-mer.

Nos historiens les plus connus connaissaient donc mal ou pas du tout cette partie de l'histoire de France, liée à nos colonies et à l'esclavage. C'est un aveu du caractère métropolitano-centré de leurs connaissances historiques, au détriment d'une histoire globale de la France et de la République française.

Ils sont pris ici en flagrant délit d'ignorance mais aussi d'erreur conceptuelle. Ils disqualifient, ils disent : « Ce que vous demandez, c'est de la mémoire, pas de l'histoire. » Et pourtant... A la fin des années 1950, nos compatriotes d'outre-mer, arrivés en métropole dans le cadre du Bureau pour le développement des migrations intéressant les départements d'outre-mer (Bumidom), avaient découvert que leur histoire de France n'était pas connue en métropole. Quoique pleinement Français, eux-mêmes ou leurs enfants subissent des discriminations, la citoyenneté française ne garantissant pas contre le racisme. A l'occasion de la célébration du cent cinquantenaire de l'abolition de l'esclavage, le 23 mai 1998, 40 000 personnes originaires de Martinique, Guadeloupe, Guyane, de la Réunion, Français d'origine africaine et Africains défilent de la République à la Nation, à l'initiative du Comité pour une commémoration unitaire de l'abolition de l'esclavage des nègres dans les colonies françaises, et réclament la reconnaissance de l'esclavage comme crime contre l'humanité[42].

Cette demande de reconnaissance des discriminations passées ne s'oppose pas à la République française ni à ses valeurs. Toutes les revendications qui avaient été à un moment émises et discutées et qui auraient pu diviser les

Français – par exemple le problème des réparations ou de la repentance – ne figurent pas dans la loi Taubira adoptée. Les politiques, le Parlement et les gouvernements ont éliminé tous les éléments de conflictualité pour favoriser l'unité de la nation autour de valeurs célébrées en commun. Qui peut s'opposer à la célébration de l'abolition de l'esclavage ? C'est une demande de rappel ou de reconnaissance de la valeur d'égalité qui avait finalement triomphé en 1848, c'est une demande d'intégration de cette part de notre histoire à nous tous Français, dans les grands événements de notre histoire générale.

Tous les ans, dans l'histoire de France, se produisent des milliers de faits que l'historien peut répertorier. Il ne peut pas tous les rapporter, encore moins les raconter. Il sélectionne. Et c'est pour cela qu'il peut y avoir concurrence des histoires. Disqualifier cette revendication en l'associant à une guerre des mémoires ou à une concurrence des victimes, alors qu'il s'agit aussi de faits historiques que l'on peut considérer de grande importante, c'est participer activement à une concurrence – non avouée – des histoires. En niant la valeur historique de leur demande, Pierre Nora et ses collègues ont signifié à une partie de nos compatriotes qu'ils n'avaient pas leur place dans l'histoire nationale.

Ces historiens auraient pu dire à Mme Taubira, s'ils l'avaient su : «Vous êtes en retrait par rapport aux textes législatifs des XVIIe et XIXe siècles, où l'esclavage a déjà été reconnu comme crime contre l'humanité, mais comme un crime universel et non cantonné à la traite européenne comme le fait votre loi.» Cette loi de 2001 n'est là finalement que pour rappeler cette histoire oubliée ou négligée, la commémorer et non plus pour l'instituer.

Car c'est une belle histoire, qui devrait être connue de tous les Français : la France a été le premier pays au monde à déclarer et pénaliser dans son droit un crime contre l'humanité, en l'occurrence l'esclavage. Ne pas avoir voulu le voir ainsi révèle à la fois la nature de notre problème d'aujourd'hui et peut-être aussi sa solution.

4

Une autre façon de raconter
notre histoire commune

Les Français venus de loin ont ainsi toute leur place dans la République, dites-vous. Mais comment, dans un pays aussi divers, inscrire toutes les histoires individuelles dans une histoire commune et partagée ? Quelle histoire de France faudrait-il enseigner dans les écoles ?

Oui, toute leur place dans la République. Pas une place sur le côté, à la marge ou la périphérie, pas un remplacement, une place au cœur de nos valeurs qui les illustre et qui les renforce.

Les immigrés venus d'Algérie ou de l'Empire français sont différents des autres immigrés venus de l'étranger. Pourquoi ? Parce qu'ils ne sont pas étrangers à la France, justement : eux ou leurs parents ou grands-parents ont fait partie de l'histoire de France. Ils n'ont pas l'impression de venir dans un pays étranger, la France est ou a été leur pays, et si elle l'a été, parfois elle le reste. Ils ne s'attendent donc pas à devoir faire un travail d'adaptation comparable à celui que les immigrés étrangers savent devoir faire.

Nous sommes partie de la même histoire, mais nous ne la représentons pas comme telle.

Il y a eu des efforts pour inscrire dans les programmes scolaires l'histoire de la colonisation ou des traites négrières, mais ces chapitres ne sont souvent pas ou peu enseignés : les programmes étaient jusqu'à présent trop chargés ; les professeurs n'ont pas beaucoup d'instruments pédagogiques ou de documents historiques accessibles pour construire leurs cours. Soit ils sont amenés à en parler d'une manière si abstraite et désincarnée qu'elle ne retient pas l'attention des élèves ; ou bien c'est l'inverse, on parle de façon non historique, moralisante et culpabilisante.

Les nouveaux programmes présentés en 2015 allègent les obligations de détail des enseignants et les concentrent sur des pôles ou des thèmes fédérateurs et c'est un progrès. Mais le choix des thèmes est souvent mal adapté ou malvenu. Certains intitulés ressemblent plus à un programme de cours de mastère de l'EHESS, héritière de l'École des annales : « l'islam, débuts, expansion, société et cultures ». C'est au programme de la classe de 5ᵉ depuis longtemps et c'est mission impossible pour les enseignants. Et quand, en 4ᵉ, on voit que sont obligatoires l'enseignement des empires coloniaux et des traites négrières, la Révolution et l'Empire, mais seulement optionnelles les Lumières, et la révolution américaine et la liberté politique, que nulle part ne sont mentionnées les abolitions, cela donne le sentiment de tableaux de géographie historique qui se succèdent sans sens[43].

Or, on pourrait raconter cette histoire autrement. Prenez l'affaire Dreyfus, qui était jusqu'à présent au programme. L'affaire Dreyfus, quand on l'enseigne aux enfants et aux adolescents, c'est l'histoire d'un homme, une histoire individuelle, auquel un jeune peut plus aisément s'identifier. Aux Etats-Unis, l'affaire Dreyfus symbolise le plus souvent l'antisémitisme français. Emmanuel Levinas, ce grand philosophe français, juif, émigré de Lituanie, a confié que son père lui avait dit : « Un pays qui se déchire entièrement, qui se divise pour sauver l'honneur d'un petit officier juif, c'est un pays où il faut rapidement aller. » A l'époque les juifs étaient persécutés partout en Europe dans l'indifférence générale.

Quand j'étais enfant, l'affaire Dreyfus représentait pour moi la victoire de la justice et cela me donnait confiance dans la République. Cette histoire d'un officier sans grande envergure qui a fait l'objet d'un complot et d'une manipulation d'écriture permettant de le dénoncer comme un espion au service de l'Allemagne, qui fut d'abord condamné, puis sauvé par la mobilisation d'une partie des intellectuels français, Emile Zola et Charles Péguy notamment, mais aussi grâce au courage du colonel Picquart, un antisémite pour qui la justice était plus importante que tout. Le fait qu'il y ait eu une telle mobilisation pour réhabiliter Dreyfus et faire condamner ceux qui l'avaient injustement accusé et qui étaient soutenus par l'armée et l'Eglise, est extraordinaire. L'affaire Dreyfus a eu lieu au cœur de la France, entre Paris et l'Alsace dont l'officier était originaire, c'était après la guerre franco-prussienne, elle a divisé les Français et finalement la justice a triomphé. C'est une histoire presque biblique, il y a quelque chose de l'ordre de la justice immanente qui vient réparer une faute.

A partir de cette histoire on peut enseigner celle des juifs en France, leur statut sous la monarchie, leur émancipation et l'égalité des droits accordée sous l'impulsion de l'abbé Grégoire, etc.

À l'autre bout du monde, l'histoire de nos colonies à esclaves est une partie importante de l'histoire nationale. Elle aussi doit être enseignée comme telle, comme part de l'histoire de France dans sa durée depuis la traite, l'esclavage jusqu'aux abolitions. C'est là, au cours de la Première République, pendant la Révolution, et de la Seconde République en 1848, que s'illustrent de façon éclatante, aux yeux du monde entier, nos valeurs révolutionnaires, les idées de liberté et d'égalité. Si l'esclavage est aboli, c'est parce que les idées de la Révolution française se diffusaient sur place auprès des esclaves. Ces esclaves qui affirment et obtiennent la liberté et l'égalité donnent le sens le plus abouti aux idées républicaines. C'est là-bas, aux Antilles, que l'universalité des droits de l'homme est proclamée de la manière la plus imposante [44].

Mais cette histoire ne peut être seulement racontée ainsi. Car il y manquerait un épisode important : après la première abolition, Napoléon a rétabli l'esclavage. L'expédition de Saint-Domingue, qu'il ordonne et organise, ne figure pas dans les manuels scolaires. Pourtant, elle est importante. En 1801, Napoléon envoie à Saint-Domingue (l'actuelle Haïti) son beau-frère, Victoire Leclerc, à la tête d'une armée pour mater l'autonomisme de Toussaint Louverture. En 1802, le général Richepance est envoyé en Guadeloupe à la tête d'une autre armée, pour y mater une rébellion et y désarmer les militaires de couleur qui constituent 90 % des troupes [45]. Qui sait aujourd'hui, en France, qu'il n'y a jamais eu autant de hauts gradés et de soldats noirs dans l'armée française que pendant la Révolution française [46] ? Ils gagnaient des batailles contre les Anglais, conquéraient des îles au nom de la France [47].

En Guadeloupe, l'expédition s'achève par le rétablissement de l'esclavage, la mort de 3 000 à 4 000 soldats de couleur et la déportation de 3 000 autres pour une population de 100 000 habitants.

A Saint-Domingue, l'entreprise est d'une autre ampleur. L'expédition dure deux ans et demi et se solde par un échec et la mort d'au moins 30 000 soldats français envoyés en trois corps expéditionnaires successifs. A son terme, Haïti proclame son indépendance et devient le premier Etat indépendant, doté d'une constitution, et dirigé par des hommes de couleur.

Cette histoire, c'est une affaire Dreyfus collective des Noirs de France qui pourrait être racontée comme telle. D'abord, la République émancipatrice des esclaves qui proclament les valeurs de la révolution. Puis une guerre, en réalité une guerre civile entre Français, une guerre civile menée par Napoléon pour rétablir dans la servitude une partie de nos compatriotes, au nom de valeurs totalement opposées à celles qui sont les nôtres aujourd'hui et qui étaient déjà les nôtres au moment de la Révolution. Enfin en 1848, Victor Schœlcher, à l'encontre de Tocqueville qui souhaitait un processus plus long, impose l'abolition immédiate et l'octroi des droits politiques. Les esclaves français sont rétablis dans leurs droits par la République[48]. Un siècle plus tard, en 1946, le statut d'égalité est accordé aux vieilles colonies (la Guadeloupe, la Martinique, la Guyane et la Réunion) à l'occasion de la départementalisation. Cette liaison intime entre l'abolition de l'esclavage et la République fait partie intégrante de notre histoire. La regarder en face ne signifie en aucun cas que nous, générations d'aujourd'hui, soyons coupables de quoi que ce soit. On peut l'enseigner comme telle, comme je viens de la décrire. On peut aussi comparer l'expédition de Saint-Domingue à d'autres expéditions napoléoniennes en Europe ou mentionner que c'est la première guerre de guérilla. On devrait considérer que Toussaint Louverture ou Victor Schœlcher sont des grandes figures de l'histoire de France. En tout cas, si l'on parle de Jules Ferry, comme nous allons le faire maintenant, on doit parler de Schœlcher.

Car comme les autres puissances européennes, la France a été une puissance coloniale. A la fin du XIXe siècle, la colonisation était présentée comme l'inverse de l'esclavage, son abolition en Afrique a même été consignée dans la résolution de la conférence de Berlin où les grandes puissances se sont réunies en 1884-1885 pour se répartir ce continent. L'esclavage traitait d'autres hommes comme des animaux, les déshumanisait ; la colonisation visait à les « civiliser ». La République française a donc colonisé. La majorité des hommes politiques de l'époque, emmenés par Jules Ferry, pensaient que la mission des peuples européens était de civiliser ceux qui ne l'étaient pas. Il faut rappeler qu'une partie des républicains étaient contre, comme Georges Clemenceau. Ce dernier avait été en quelque sorte formé au sujet des inégalités de statuts et de la discrimination lorsqu'il avait exercé comme correspondant du journal *Le Temps* aux Etats-Unis pendant cinq ans, juste après l'assassinat de Lincoln. Le 31 juillet 1885, à la tribune de la Chambre des députés, il répond à Jules Ferry :

> « Les races supérieures ont sur les races inférieures un droit qu'elles exercent, ce droit, par une transformation particulière, est en même temps un devoir de civilisation. Voilà en propres termes la thèse de M. Ferry, et l'on voit le gouvernement français exerçant son droit sur les races inférieures en allant guerroyer contre elles et les convertissant de force aux bienfaits de la civilisation. Races supérieures ? races inférieures, c'est bientôt dit ! Pour ma part, j'en rabats singulièrement depuis que j'ai vu des savants allemands démontrer scientifiquement que la France devait être vaincue dans la guerre franco-allemande parce que le Français est d'une race inférieure à l'Allemand. Depuis ce temps, je l'avoue, j'y regarde à deux fois avant de me retourner vers un homme et vers une civilisation, et de prononcer : homme ou civilisation

inférieurs. Race inférieure, les Hindous ! Avec cette grande civilisation raffinée qui se perd dans la nuit des temps ! avec cette grande religion bouddhiste qui a quitté l'Inde pour la Chine, avec cette grande efflorescence d'art dont nous voyons encore aujourd'hui les magnifiques vestiges ! Race inférieure, les Chinois ! avec cette civilisation dont les origines sont inconnues et qui paraît avoir été poussée tout d'abord jusqu'à ses extrêmes limites. Inférieur, Confucius ! En vérité, aujourd'hui même, permettez-moi de dire que, quand les diplomates chinois sont aux prises avec certains diplomates européens... *(rires et applaudissements sur divers bancs)*, ils font bonne figure et que, si l'on veut consulter les annales diplomatiques de certains peuples, on y peut voir des documents qui prouvent assurément que la race jaune, au point de vue de l'entente des affaires, de la bonne conduite d'opérations infiniment délicates, n'est en rien inférieure à ceux qui se hâtent trop de proclamer leur suprématie.

Je ne veux pas juger au fond la thèse qui a été apportée ici et qui n'est pas autre chose que la proclamation de la primauté de la force sur le droit ; l'histoire de France depuis la Révolution est une vivante protestation contre cette inique prétention [49]. »

Puis la colonisation se développe, elle se traduit par la déstructuration du fonctionnement des sociétés locales, la mise en place de statuts d'infériorité. Il y a eu différentes formes de colonisation.

La plus perturbante pour un républicain français, c'est celle de l'Algérie, puisqu'il s'agissait officiellement d'un territoire français, un territoire de la République dès 1848 ; la majorité de la population y est pourtant soumise à un statut différent de celui des Français de métropole, un statut discriminant. C'est pour cela que l'Algérie et le destin de ses habitants en France sont au cœur de la question qui nous occupe dans ce livre. Les Algériens étaient soumis au « code de l'indigénat », qui n'a plus été un code pénal à partir de 1945 mais qui est resté un code civil coutumier. Les cours de justice françaises contrôlaient l'application du droit musulman, de la charia, alors qu'officiellement les principes de liberté, d'égalité, de fraternité, de laïcité et toutes les autres lois de la République étaient censés s'appliquer.

Georges Clemenceau tentera en 1919 de permettre l'accès à la pleine nationalité française à de nombreux musulmans d'Algérie. Il voulait en effet remercier les Algériens pour leur participation à la Première Guerre mondiale et faire un effort pour créer une élite musulmane pleinement française, comme il l'avait promis en 1912 à une délégation du mouvement Jeune Algérien[50]. Mais il est bloqué par les dirigeants colons. Hubert Lyautey, alors résident général au Maroc, après avoir assisté à une réunion de l'assemblée des colons d'Algérie portant sur le projet Clemenceau, écrit en 1919 : «Je crois la situation incurable, les colons agricoles français ont une mentalité de pur Boche avec les mêmes théories sur les races inférieures destinées à être exploitées sans merci, il n'y a chez eux ni humanité ni intelligence[51]. » Du fait de la forte résistance du parti colonial au Parlement, Clemenceau ne put aller plus loin que de proposer et finalement d'obtenir la mise en place d'une nouvelle procédure censée être plus rapide pour les demandes individuelles traitées comme des naturalisations. Au total, ce dispositif n'aboutira à faire entrer, entre 1919 et 1962, que 2 000 Algériens dans la pleine nationalité[52].

Cette histoire-là, il faut l'intégrer dans l'histoire que l'on enseigne (c'est-à-dire les faits) et dans l'histoire que l'on raconte (c'est-à-dire le récit national).

Car le temps est révolu où, comme le pensait Ernest Renan, il fallait oublier les événements qui nous ont divisés et les affrontements de notre passé pour construire une nation. Internet impose une nouvelle ère d'accès à l'information – juste ou fausse – et de communication tous azimuts. L'enjeu est aujourd'hui d'aller au plus profond de notre histoire – y compris quand nous avons parfois porté atteinte à nos propres valeurs – et de la dépasser dans un nouveau récit commun pour construire l'avenir.

Deux archéologues, un Israélien et un Américain, Israël Finkelstein et Neil Silberman, ont dans un livre fascinant, *La Bible dévoilée,* cherché à comprendre comment la Torah, l'Ancien Testament avait été écrit[53]. Leur hypothèse est la suivante : quand le royaume d'Israël s'est effondré au VIIe siècle avant Jésus-Christ et que les habitants juifs de ce royaume se sont réfugiés dans le royaume voisin – juif aussi – de Juda, le roi d'alors, Josiah, a convoqué ses prêtres, scribes, jurisconsultes et leur a demandé d'écrire l'histoire commune de tout ce peuple, mélange d'anciens résidents et de nouveaux réfugiés. Ceux-ci ont rassemblé différentes traditions religieuses et historiques, qui se contaient ou se transmettaient, et ce serait devenu l'Ancien Testament. Le politiste américain Rogers Smith en tire la leçon que dire et faire l'histoire d'un peuple – dont la composition est diverse, soit effectivement, soit dans les représentations – est nécessaire pour qu'il se constitue aux yeux de ses citoyens comme de ses responsables politiques[54].

Il ne s'agit pas de ne plus dire « nos ancêtres les Gaulois » parce que certains Français ne se sentent pas descendants des Gaulois. Mais l'on peut dire « nos ancêtres sur cette terre, les Gaulois ». Tout le monde peut alors s'y retrouver, dans la descendance par la résidence, vieille

tradition française, plutôt que dans la descendance par le sang – y compris ceux qui veulent
continuer à se vivre comme les descendants
directs des Gaulois, et ils en ont bien le droit !

Il ne s'agit pas de supprimer Louis XIV,
Henri IV, Guillaume le Conquérant, ni Danton,
Robespierre, Jaurès ou Blum, il s'agit de
rendre plus complexe Napoléon, plus complet
Clemenceau et d'y ajouter l'abbé Grégoire,
Victor Schœlcher, Aimé Césaire, Félix Eboué,
Toussaint Louverture et Abd el-Kader pour que
nous fassions histoire commune. Clemenceau
en particulier est une figure unificatrice des
Français, eu égard à ses prises de position sur
l'affaire Dreyfus, contre la colonisation et pour
la laïcité, sans oublier le rôle majeur qu'il a
assumé dans la dernière année de la Première
Guerre mondiale.

Et si l'on m'objecte que l'histoire des colonisés ne s'achève pas, à l'image de l'affaire
Dreyfus ou de la fin de l'esclavage, par des
retrouvailles entre la République et ses valeurs,
je répondrai en pensant à la situation la plus
extrême : est-ce vraiment un horrible pays que
celui qui vous offre un statut de résident permanent, qui donne à vos enfants la pleine nationalité alors que vous étiez en guerre contre lui ?
En 1945, la France avait refusé des immigrés
allemands, en 1962 elle a pris les nouveaux

Algériens sans hésiter ; ils ont pu rester et devenir pleinement Français. Après la guerre, ils n'étaient pas devenus ennemis étrangers, ils étaient des anciens compatriotes.

Ce résultat était aussi le fruit de l'histoire. Comme les esclaves français, les colonisés regardaient vers la métropole et y trouvaient des inspirations dans les valeurs de la République pour l'égalité, mais aussi pour sa tradition de la contestation.

Si les entreprises ne voulaient pas trop des Algériens dans les années 1960, c'est qu'elles les pensaient contestataires, révoltés, influencés par les idées françaises des Lumières, et elles avaient raison. Les Algériens étaient formés aux concepts universels, qui étaient aussi ceux de la République française, et les entreprises craignaient plus que tout la contestation et la syndicalisation. A l'époque, la question de la religion n'était pas un problème, les entreprises préféraient les croyants et les pratiquants aux syndicalistes et aux contestataires de l'ordre établi.

« La colonisation a été à l'origine d'une histoire commune, violente mais tissée de nombreux échanges, qui fait de nous ce que nous sommes[55]. » C'est ce que dit l'historien de l'Empire français Pierre Singaravélou et il a raison. La France libre a été africaine, c'est ce que montre Eric Jennings dans un livre magnifique et il a aussi raison[56].

En fait, par les liens de valeur avec la France, les descendants d'esclaves et de colonisés venus en métropole étaient préparés à faire partie de notre récit et de notre identité nationale.

5

Les quatre piliers de l'identité nationale

Dans un monde en panne de collectif et d'idéal fédérateur, chaque communauté revendique son identité. A droite comme à gauche, entre nationalisme et multiculturalisme, défense de la francité et quête de religiosité, la société française semble en proie à de multiples quêtes et querelles identitaires. Permettez-moi de poser cette question à la fois simple et démesurée, à laquelle le grand historien Fernand Braudel a apporté sa propre réponse : qu'est-ce que l'identité de la France ?

Après la création d'un ministère de l'Immigration et de l'Identité nationale en 2007, Nicolas Sarkozy lance en 2009 un débat sur l'identité nationale. Des réunions sont organisées dans les préfectures et des questionnaires diffusés pour définir ce que l'on mettait derrière ce terme. La plupart de mes collègues universitaires se sont offusqués et ont affirmé que ce n'était pas au président de la République de définir ce qu'est l'«identité nationale». Ils

avaient raison. Toutefois, en tant que chercheur, on peut travailler sur cette notion et je
me suis dit qu'il ne fallait pas laisser la droite
extrême se l'approprier. Je me suis mis à rechercher et je crois être parvenu à distinguer dans
notre histoire, à travers les luttes, les batailles,
les valeurs qui se sont dégagées, sédimentées, et
qui constituent aujourd'hui les piliers de notre
identité nationale républicaine. Ils unissent
tous les Français, quelle que soit l'ancienneté
de leur origine française, qu'ils soient de métropole ou d'outre-mer.

Un jour, dans des archives américaines à
l'université de Harvard, je cherchais quelque
chose que je n'ai pas trouvé et suis tombé sur
un document que je ne cherchais pas. Dans
une lettre écrite en 1872 après la guerre franco-
prussienne perdue par la France, qui entraîna
le rattachement de l'Alsace-Lorraine au nouvel
Empire prussien, Francis Lieber, professeur
d'origine prussienne à l'université Columbia,
fondateur de la science politique américaine,
écrit à son meilleur ami, Charles Sumner,
sénateur républicain du Massachusetts, francophone et francophile : « J'ai reçu de Berlin un
appel à collecter des fonds parmi les Allemands
d'Amérique afin de participer à l'édification
d'une fondation Bismarck à l'université de
Strasbourg... Le gouvernement allemand est
à l'évidence très attaché à faire de Strasbourg

une université de premier rang, ce qui n'est pas
sans signifier quelque chose. Les Français l'ont
négligé. Mais ils ont négligé et négligent toujours tout, sauf Paris. J'en reviens à ma vieille
question : qu'est-ce qui fait que les Français sont
le seul peuple capable de convertir des peuples
conquis ? Ceux-ci ne reçoivent aucun bénéfice
de la France. Et pourtant, ils parlent pour la
France. Ni les Allemands, ni les Anglais, ni les
Américains n'y arrivent. Qu'est-ce que c'est[57] ? »
Ce n'est pas un patriote français qui écrit ces
lignes mais un Américain d'origine prussienne.
Qu'est-ce qui pouvait donc expliquer l'attachement du Strasbourgeois à la France, bien que la
France ait peu dépensé pour lui ?

Sumner avait la réponse. Il avait lutté en vain,
des années durant, pour l'introduction dans
la Constitution américaine d'un passage de la
Déclaration française des droits de l'homme
et du citoyen de 1789 relatif à l'égalité devant
la loi. Il considérait que l'égalité était le plus
important des droits de l'homme. On pouvait
d'ailleurs rattacher ce principe à l'Ancien
Régime. David Hume suggérait en 1777 que
l'une des forces des gouvernements absolutistes
résidait dans l'absence de différence entre les
anciens et les nouveaux sujets : « Comparez le
pais conquis de France avec l'Irlande, et vous
serez convaincu de cela[58]. »

Le Strasbourgeois, quand il était Français,
était l'égal du Parisien même s'il en était

éloigné au plan culturel – par la langue germanique et la religion souvent protestante –, tandis que, Allemand depuis 1871, il avait peut-être reçu de l'argent, mais était devenu inférieur au Prussien de Berlin, l'Alsace-Moselle ayant été intégrée sous un statut de colonie dans le nouvel Empire allemand.

Chaque Etat-nation se réfère à une géographie, à une histoire et au sentiment de partager un destin commun avec d'autres citoyens – par le lien de nationalité. Mais ces traits communs, géographie, histoire, lien de nationalité, ne disent pas les valeurs, les croyances, les pratiques et les institutions qui peuvent symboliser la spécificité de chacun. Sumner avait repéré le *principe d'égalité* qui permettait cette identification des habitants des provinces conquises à la France. Nous l'avons vu à l'œuvre dans notre histoire des politiques d'immigration et de nationalité. Il est l'un des quatre «piliers» de notre nationalité. Transformé et renforcé durant la Révolution, il s'inscrit durablement dans des dispositions importantes du Code civil, devenu, par sa pérennité, la vraie Constitution de la France[59]. Par exemple la succession des citoyens y est fondée sur l'égalité entre tous les enfants – mâles et femelles. Tocqueville y voyait la base de la démocratie.

Le deuxième pilier est la *langue française*, langue de l'Etat depuis août 1539, qui a été un instrument d'unification culturelle du royaume de France puis de la République. Instrument d'émancipation, de l'école pour tous, de la diffusion d'idées et de débats, son statut au cœur de la république des lettres donne à la culture et à l'intellectuel en France une place sans pareille, nous assure un rayonnement dans le monde bien supérieur à la taille de notre pays.

La *mémoire de la Révolution* – le plus souvent positive – que nous partageons avec les Américains, mais qu'aucun autre peuple d'Europe ne possède, constitue le troisième pilier. Ni l'Italie, ni l'Espagne, ni l'Angleterre, ni l'Allemagne ne commémorent leur révolution. Malgré la Terreur et d'autres excès, elle reste une référence à gauche bien sûr mais aussi à droite. Cela se traduit par des formes de mobilisation particulières pour changer les politiques ou les institutions quand nous n'en sommes pas satisfaits, qui nous font là aussi reconnaître dans le monde entier.

La *laïcité* enfin, reposant depuis 1905 sur trois principes, la liberté de conscience, la séparation des Eglises et de l'Etat, le libre exercice de tous les cultes. Elle s'est imposée depuis 1945 comme la référence commune de croyants de plus en plus divers et d'athées ou d'agnostiques de plus en plus nombreux.

Ces quatre piliers sont les produits de notre histoire, ils ont résisté à de nombreuses contestations et turbulences, aux changements de gouvernements, de constitutions, de régimes politiques. Ils constituent un code socio-politique de la France pour les Français et aux yeux du monde. Ils sont autant une référence qu'un programme d'action, jamais achevé, toujours à réaliser – notamment pour l'égalité. Ils sont donc des facteurs d'unification et de transformation et donnent un sens à la République. Car ils unissent tous les citoyens : ils représentent l'indifférenciation – l'assimilation – à laquelle chacun aspire dans certaines situations autant que le respect de sa particularité dans d'autres. Et ils ont suscité d'autant plus l'adhésion au cours de notre histoire que ceux qui impliquaient l'action de l'Etat (égalité, laïcité, transmission de la langue et de la culture) ont le plus souvent été mis en œuvre dans le respect voire la reconnaissance de la diversité des Français dans un équilibre qui leur offre la possibilité de circuler entre des identités composées.

Cette composition entre assimilation et reconnaissance de la diversité est aussi ce qui guide les immigrés et leurs enfants dans leur relation à la France. Dans un certain nombre de leurs activités quotidiennes ils veulent être assimilés, traités similairement d'abord juridiquement en devenant Français, traités semblablement par les autorités publiques, par la police lors des contrôles, par les hôpitaux, par les employeurs, l'école. Mais, dans d'autres dimensions de leur vie, à l'occasion d'une fête religieuse importante par exemple, ils souhaitent être reconnus dans leur particularité.

L'égalité des droits a été attribuée, sous l'Ancien Régime, non pas en opposition, mais dans le respect de la très grande diversité culturelle et linguistique des provinces rattachées de gré ou de force au royaume de France. Les habitants d'Alsace et du Roussillon utilisèrent ces droits pour leurs intérêts particuliers. Mais ils finirent par leur « coller à la peau » et devenir un élément central de leur identification à la France[60].

Plus tard, sous la IIIe République, l'école, comme le dit Mona Ozouf, « s'ingénie à nous rendre tous pareils et c'est là sa merveille[61] », mais l'enseignement du français s'accommode de la magnification des petites patries (de l'histoire et de la culture locales) et de l'usage, même festif, de la langue régionale, parfois même qualifiée de *maternelle*[62].

La loi de 1905 permet au judaïsme et au protestantisme français de développer une nouvelle diversité indépendante des anciennes structures officielles. Puis un compromis est trouvé avec le Vatican. Après 1918, l'Alsace-Moselle conserve son ancien statut. Puis finalement, à la fin du XXe siècle, la question scolaire est résolue. C'est dans cet esprit que la commission Stasi a fonctionné. Dans la composition entre des principes communs qui nous rassemblent et nous assimilent et le respect de notre diversité.

6

Les particularités de la laïcité à la française

Mais c'est précisément la laïcité à la française qui, pour certains, semble remise en cause aujourd'hui par les attaques terroristes et la menace islamiste. D'un côté, on exige une laïcite « ouverte », c'est-à-dire adaptée aux revendications communautaires inhérentes aux sociétés multiculturelles. De l'autre, on invoque une laïcité de combat contre l'obscurantisme mais aussi contre la religion elle-même. Où se situe la laïcité la plus conforme à nos principes, mais également la plus adaptée à la nouvelle donne sociale et à la mondialisation de la religiosité ?

La laïcité, c'est d'abord du droit. C'est un régime juridique qu'il ne faut pas confondre avec le rapport qu'entretient une société à la religion car il faut distinguer le droit des croyances sociales. Il peut y avoir une différence énorme entre ce qui est légal et ce en quoi les gens croient. Aux Etats-Unis, par exemple, vous avez juridiquement le droit de brûler la Bible ou le Coran, puisque le droit au blasphème est absolument constitutionnel. En revanche, si vous émettez le moindre doute sur l'existence de Dieu, vous n'avez aucune chance d'être élu maire ou gouverneur, encore moins président. Beaucoup d'Américains considèrent que les non-croyants n'ont pas de morale et qu'on ne peut donc leur faire confiance.

En France, il faut faire la différence entre le régime juridique de la laïcité et le mouvement social et politique qui combat la présence de la religion dans l'espace public, que l'on peut appeler parfois laïcard et qui s'appuie sur un combat historique contre la présence de l'Eglise catholique dans les affaires civiles (mariages, naissances), éducatives, jusqu'à se mêler de nos affaires politiques contre la République, pour la condamnation de Dreyfus à la fin du XIXe siècle. La loi de 1905 de séparation des Eglises et de l'Etat est une victoire pour la majorité des citoyens français éduqués dans la foi catholique, mais qui souhaitaient que l'Eglise catholique soit remise à sa place, en dehors des affaires publiques.

A compter du 9 décembre 1905, le catholicisme a cessé d'être « la religion de la grande majorité des Français » selon le Concordat qui, depuis 1802, avait valeur légale, et la République « ne reconnaît, ne salarie ni ne subventionne aucun culte » : le subventionnement public des institutions religieuses est dorénavant interdit.

Comme l'a très bien expliqué Jean Rivero, ce qui fait la particularité de la laïcité en France, c'est la neutralité absolue de l'Etat. Neutralité de la sphère politique : le président de la République ne jure pas sur la Bible, mais sur la Constitution, il n'y a pas de prière avant les sessions au Parlement, et le port de signes religieux distinctifs chez les fonctionnaires est interdit. Devant la question de l'existence de Dieu, l'Etat français répond : « Je ne sais pas et je ne prends pas position. » « Il y a le refus, pour l'Etat, de cautionner une foi, de lui donner son estampille en faisant, par lui-même, acte de croyant, de lui donner son aide matérielle sous une forme quelconque. L'option religieuse est affaire privée ; l'Etat se présente à tous, dépouillé de tout signe métaphysique, étranger à tout surnaturel. Mon royaume est la terre, dit-il aux citoyens. Gérant des affaires temporelles, il se refuse à envisager ce qui est au-delà de cette gestion[63]. » L'Etat ne se prononce plus sur les fins indéterminées de l'humanité, qui peuvent faire l'objet des interprétations et des croyances les plus libres et les plus diverses. La liberté de conscience, qui consiste en la possibilité de croire ou de ne pas croire sans qu'aucune pression soit exercée, est le principe le plus fondamental de la loi de 1905. D'ailleurs, par exception au principe de séparation des Eglises et de l'Etat, si vous

vous trouvez dans un espace clos – hôpital, armée, prison ou internat de lycée –, ce qui peut vous empêcher de vous rendre à la messe, à la mosquée, au temple ou à la synagogue, la loi de 1905 prévoit la possibilité de subvenir à des dépenses d'aumônerie. On en trouve aujourd'hui notamment dans les prisons, les hôpitaux ou dans l'armée.

Notre régime juridique de la laïcité n'est pas très éloigné de celui des Etats-Unis. En effet, comme eux, et à la différence du Royaume-Uni, de l'Allemagne, de l'Espagne ou de l'Italie, nous n'avons plus de religion d'Etat établie. En revanche, nous avons des expériences différentes à l'égard des groupes religieux, et même inverses. En effet, nous sommes particulièrement sensibles à la pression du groupe religieux sur les institutions de la République ou sur les individus, eu égard à notre histoire. Chez nous, dans le triangle entre l'individu, le groupe religieux et l'Etat, la puissance publique apparaît comme le protecteur de l'individu contre les potentielles pressions du groupe religieux, alors qu'aux Etats-Unis, ce sont les groupes religieux qui sont perçus comme les protecteurs de l'individu par rapport à des intrusions de l'Etat.

C'est d'ailleurs dans cette perspective que la commission Stasi, dont je faisais partie, a proposé l'interdiction du port du voile à l'école.

Elle a constaté que, dans les cours de récréation, des groupes de garçons insultaient, voire menaçaient les filles qui ne portaient pas le voile[64]. Dans l'esprit de ces groupes, puisque le port du voile était autorisé, les jeunes filles qui ne le portaient pas le faisaient par choix. Elles étaient donc de « mauvaises musulmanes », des « putains » qui auraient dû plutôt suivre l'exemple de leurs sœurs qui respectent les prescriptions du Coran. Nous avons reçu des témoignages de parents musulmans qui ont dû retirer leur fille des écoles publiques et les placer dans des établissements privés catholiques où elles n'étaient pas soumises à une pression constante pour porter le voile.

Les jeunes filles qui ne souhaitent pas porter le voile avaient aussi le droit à leur liberté de conscience, et elles représentaient une large majorité. Les proviseurs et les professeurs avaient fait de leur mieux pour remettre de l'ordre, mais ils avaient échoué. Ne valait-il pas mieux s'attaquer aux individus et aux groupes qui exercent des pressions ? Il est presque impossible de demander aux élèves de dénoncer leurs camarades quand ils sont sujets aux pressions, aux insultes et à la violence. Le dénonciateur est considéré comme un traître. Et nous ne voulions pas transformer les cours de récréation en cours de justice.

Nous avons étudié des solutions alternatives : je pensais à titre personnel que l'on pouvait faire la distinction entre la cour d'école et la salle de classe, en faisant appliquer des règles concernant la tenue seulement dans les classes, mais mon idée s'est révélée impraticable. Nous avons étudié la possibilité de donner à chaque proviseur le pouvoir d'interdire les signes extérieurs religieux dans son établissement. Après quatre mois d'enquêtes et de nombreuses auditions publiques, privées, collectives et individuelles, notre commission n'a finalement pas retenu cette solution. Notre sentiment quasi unanime (à l'exception d'un membre) était que nous avions à faire face à une réalité souvent bien perçue à un niveau local et moins bien au plan national : porter le voile ou l'imposer aux autres était devenu un sujet, non pas de liberté individuelle, mais de stratégie nationale de la part de groupes fondamentalistes utilisant les écoles publiques comme leur principal champ de bataille. Les révélations faites depuis par d'anciens responsables de ces organisations montrent que nous avions raison. Interdire le port de signes religieux au seul niveau local aurait conduit encore une fois à faire porter la responsabilité de décisions difficiles aux chefs d'établissement. Loin de résoudre le problème, cela risquait au contraire de créer une tension permanente, des établissements étant pris pour cible les uns après les autres afin d'attirer, semaine après semaine, l'attention du public et de la presse.

C'est pourquoi nous avons proposé d'interdire les signes extérieurs – c'est-à-dire ostensibles, ceux que l'on ne peut dissimuler sous un vêtement – d'appartenance religieuse (incluant la kippa des juifs et les grandes croix chrétiennes). Nous avons décidé cela dans le strict respect de la Convention européenne des droits de l'homme. Cette Convention autorise la limitation de l'expression de la foi religieuse dans le cas de problèmes d'ordre public ou d'attaques des droits ou de la liberté de conscience d'autrui[65]. Pour une telle limitation, la Convention requiert une loi, et c'est pourquoi une loi votée par le Parlement était juridiquement nécessaire, sauf à risquer une invalidation par la Cour européenne des droits de l'homme. La Convention requiert également que la restriction soit proportionnelle au but à atteindre. C'est pourquoi l'interdiction concerne les signes religieux ostensibles et non ceux qui sont discrets. C'est pourquoi l'interdiction s'applique seulement dans les écoles publiques, la plupart des personnes concernées étant mineures. Elle offrait des alternatives aux jeunes filles qui veulent porter le voile : aujourd'hui – eu égard au très faible nombre d'écoles musulmanes – la majorité fréquente des écoles catholiques sous contrat.

Il n'était pas question d'interdire les signes religieux dans les universités ni où que ce soit dans le monde professionnel : les adultes ont des moyens de défense que les mineurs n'ont pas. Ils peuvent aller en justice et clamer leur droit de liberté et de conscience plus facilement.

Nous avons fait notre choix après de longues réflexions individuelles et collectives. Etions-nous sous pression, influencés par l'impossibilité d'entendre le témoignage de toutes les personnes intéressées, ou bien par le manque de temps, pour prendre une décision fondée sur des preuves suffisantes ? Je dois admettre que je n'ai jamais travaillé sous une telle pression publique, venant de tous côtés. La question de la laïcité réveillait de vieilles passions et divisions politiques à travers l'ensemble de la société civile et de nombreuses institutions. Toucher à la loi de 1905 m'apparaît, depuis ce moment-là, comme jouer aux apprentis sorciers, vouloir ouvrir une boîte de Pandore. Mais je crois que ces pressions ne nous ont pas empêchés de prendre en compte toutes les considérations et circonstances nécessaires. Cette loi visait à protéger des jeunes filles, le plus souvent mineures, de toute pression pour leur imposer le port du voile quand elles ne le portaient pas et à permettre ainsi que soit respectée leur liberté de conscience. Soutenue par les proviseurs et les enseignants, elle était limitée aux espaces clos des écoles publiques. Validée par la Cour européenne, elle s'est finalement appliquée sans difficultés majeures.

Il n'est pas absurde de penser que la plupart des familles musulmanes ont été soulagées. Certains de nos compatriotes de culture musulmane sont neutres voire distants vis-à-vis de la religion. Une petite minorité est fondamentaliste, et quelques-uns considèrent même que la «loi» de leur foi devrait prévaloir sur la loi du pays. Une grande majorité ne veut pas imposer le voile à ses filles, mais elle ressent aussi un certain malaise à être d'une certaine manière infidèle à la tradition religieuse. Ces personnes sont sujettes à des pressions de la part d'amis, de voisins et de membres de la famille qui veulent imposer le port du voile. Dès lors, il leur a été possible de répondre: «Je suis d'accord avec vous, j'étais prêt à suivre votre conseil, mais c'est maintenant impossible: je ne peux pas agir contre la loi!» En un sens, il s'agit là du même type de sentiment, si bien décrit par Abdelmalek Sayad, que partagèrent de nombreux Algériens immigrants, lorsque la nationalité française fut imposée à leurs enfants nés en France. Individuellement, les Algériens n'auraient jamais fait la demande de naturalisation. Mais lorsque la nationalité française leur fut accordée automatiquement, ils en furent plutôt satisfaits.

Enfin, l'interdiction du voile ne peut pas s'inscrire, comme certains l'affirment et le voudraient parfois tellement, dans la continuité du traitement de l'islam dans l'Algérie française. C'est en fait tout le contraire.

Sous le régime de la loi coloniale française, non seulement les musulmans algériens pouvaient pratiquer leur rites et les commandements de leur religion mais ils y étaient assignés, on pourrait même dire emprisonnés. Les musulmans algériens ne pouvaient être soumis au Code civil qu'en devenant pleinement Français à travers la « naturalisation ». Ils étaient dissuadés de le faire. Officiellement, la loi de 1905 était en vigueur en Algérie, sauf que son application a été suspendue jusqu'en 1962. Les autorités françaises choisissaient les imams. Les autorités islamiques gouvernaient non seulement les droits religieux mais également les droits civils et sociaux des musulmans algériens, avec pour guide le Coran et les jugements des cours appliquant la charia. Si vous étiez une femme, on vous enjoignait donc de porter le voile et respecter les coutumes de l'islam.

Les travailleurs algériens, qui migrent en métropole avant 1962, pensaient connaître les principes et les lois de la République, puisqu'ils vivaient sur un territoire français. Et tout à coup ils découvrent une laïcité qui leur apparaît comme une pratique presque étrangère, l'inverse de ce qu'étaient les règles de leur quotidien. Aujourd'hui en France, une majorité de musulmans sont pleinement Français et les autres peuvent le devenir. Ils sont soumis au Code civil et peuvent toujours utiliser le Coran comme code moral et religieux. Mais il faut comprendre d'où ils viennent !

On peut dire avec le recul que le rapport de la commission Stasi et les lois et règlements qui l'ont suivi et pourraient encore suivre peuvent être interprétés comme faisant partie d'un héritage national d'organisation des relations entre l'Etat français et les cultes : Napoléon convoquant le Grand Sanhédrin des juifs en 1806 ; la République faisant la loi de 1905 avec la majorité des évêques catholiques français contre un Vatican conservateur : à un moment de compromis, d'adaptation et de reconnaissance fondé sur la discussion.

Après le vote de la loi, d'autres propositions de la commission Stasi en faveur du respect de l'égalité entre l'islam et les autres religions furent mises en application. En 2005, on établit des aumôneries musulmanes dans les forces armées[66], les prisons et les hôpitaux. L'année suivante, des aumôniers en chef musulmans furent nommés dans l'armée française, les institutions carcérales et les hôpitaux.

Manque toujours cependant une proposition adoptée à l'unanimité par la commission : la reconnaissance d'un jour férié au choix pour toutes les religions, voire les options spirituelles non représentées dans notre calendrier. De quoi s'agit-il ? En France, on ne demande pas à quelqu'un sa religion, on considère que cela relève de l'intime. De ce point de vue, le régime des jours fériés est très intrusif aujourd'hui pour les croyants non catholiques ou protestants. Certes, un juif ou un musulman peut demander un jour de congé pour Kippour ou l'Aïd, mais, ce faisant, il expose sa croyance. C'est l'une des raisons pour lesquelles la commission Stasi, en charge de l'adaptation de la loi de 1905 aux défis modernes, avait proposé que l'on prenne un des jours fériés de notre calendrier et qu'on le propose au choix, afin que l'on puisse s'arrêter à Kippour, à l'Aïd ou tout autre jour. Or, c'est une disposition qui n'est toujours pas entrée en vigueur. Elle permettrait pourtant de marquer notre respect de toutes les croyances, ainsi qu'un retour à une certaine discrétion pour les non-chrétiens. Au début de l'année civile, chaque salarié indiquerait le four férié de son choix. Ceux qui choisiront de s'arrêter le jour de l'Aïd ou à Kippour ou le jour du Noël ortho-doxe ne seront pas forcément musulmans, juifs, ou orthodoxes mais peut-être athées, intéressés par le congé que permet à ce moment-là de l'année la fête religieuse qu'ils auront choisie.

Et pour ceux qui craignent que nous per-dions notre identité nationale en mettant en place cette mesure, je rappellerai simplement que la France reste très marquée par sa tradition catholique puisqu'il y a 52 dimanches de messe et 6 jours fériés chrétiens (Noël, Pâques, Ascension, Assomption, Pentecôte, Toussaint). On propose simplement que l'un de ces 58 jours devienne une option pour que ceux qui ne sont pas catholiques puissent s'ancrer dans la République.

Le statut du lundi de Pentecôte, vous le connaissez d'ailleurs aujourd'hui ? Alors, l'occasion est là : proposons de mettre le lundi de Pentecôte au choix. La France a changé, elle est plus diverse. Et la République n'est pas catholaïque, elle est laïque.

7

« Je hais la France et les Français »

Ne péchez-vous pas par naïveté ? La commission de réflexion sur l'application du principe de laïcité présidée par Bernard Stasi a-t-elle vraiment marché ? Car les attentats de janvier montrent une violence extrême liée à l'islamisme radical : la religiosité se développe au même rythme que l'antisémitisme tout comme la haine de la France. Que répondez-vous à ceux qui sont habités par cette détestation ?

Mettons à part ceux qui ont commis les attentats. Farhad Khosrokhavar a dressé leur portrait : ce sont presque tous des jeunes au passé délinquant, ayant connu une période d'emprisonnement ; ils sont devenus « musulmans *born again* ou convertis djihadistes sous l'influence d'un gourou, des copains ou à partir de leurs lectures sur Internet » ; enfin, ils ont tous fait le voyage initiatique dans un pays du Moyen-Orient ou des zones de guerre (Irak, Syrie, Afghanistan, Pakistan…). Le quadrilatère

délinquance, prison, voyage guerrier et islami-
sation radicale les caractérise quasiment tous[67].

Leur subjectivité est marquée par la haine de
la société, par le sentiment de rejet ou d'humi-
liation en tant qu'Arabe, Noir ou musulman,
notamment en prison.

Ils appartiennent à la catégorie que Hans
Magnus Enzensberger a désignée comme
le « perdant radical[68] », un produit de la
mondialisation.

Dans la façon dont s'organise aujourd'hui
l'humanité – capitalisme, concurrence mais
aussi démocratisation de l'aspiration de chacun
à être reconnu –, leur nombre a tendance à se
multiplier. « Le raté peut se résigner à son sort,
la victime peut demander compensation, le
vaincu peut toujours se préparer au prochain
round. Le perdant radical, en revanche, prend
un chemin distinct, il devient invisible, cultive
ses obsessions, accumule ses énergies et attend
son heure. Le perdant radical est difficile à
repérer, il se tait et il attend. Il ne laisse rien
paraître. C'est pour cela qu'on le craint[69]. »

Au moment de l'action, mélange de pul-
sions d'autodestruction et de destruction, ces
« perdants radicaux » ressentent une plénitude
inouïe, ils triomphent des autres en les anéan-
tissant, attirent l'attention du monde entier qui
ne s'était jamais intéressé à eux. Trouver refuge
dans un cercle qui leur a donné une formation,
témoigné du respect a décuplé leur énergie[70].

«La religion n'est pas la cause initiale, elle constitue le catalyseur d'une tension et d'une frustration latente[71].» Enzensberger compare aussi l'islamisme radical au nazisme, la crise et le chômage n'auraient pas suffi à propulser Hitler au pouvoir, sa propagande recourait à un facteur beaucoup plus subjectif: «la blessure narcissique infligée par la défaite de 1918 et par le traité de Versailles en 1919[72]».

Ces parcours isolés, extrêmement minoritaires, sont effrayants. Mais ils ne doivent pas être associés à la montée de la religiosité, d'une religiosité visible soit dans les quartiers, où habitent des compatriotes musulmans, soit ailleurs dans la sphère publique, l'emploi ou la vie quotidienne. On l'a vu, la foi des tueurs est récente. En réduire le nombre, en combattre l'existence implique des mesures individuelles de prévention psychologique et bien sûr de police. Mais cela implique aussi de réduire les sources de haine entre Français ou de blessures collectives qui minent notre société.

Je vais vous raconter une histoire qui m'a marqué. Un jour, j'étais à la foire du livre du Mans, en 1992, juste après la sortie de mon premier livre, assis à côté d'un jeune romancier marseillais d'origine algérienne. L'un de ses lecteurs, qui était venu spécialement de Rouen pour une dédicace, arrive à mon niveau, lit le titre de mon livre *La France et ses étrangers* et se tourne vers moi en me disant : «Je hais la France et je hais les Français.» Surpris, je lui demande : «Mais vous êtes de quelle nationalité?» Il me répond, comme si cela allait de soi : «Mais je suis Français.» Alors je lui dis : «Donc, vous êtes Français et vous haïssez les Français, vous me haïssez moi, mais pourquoi?» Alors il me répond : «Vous ne savez pas ce que les Français ont fait à mes parents. Mes parents sont harkis. Ils ont failli mourir en 1962 puis ont été mis dans des camps.» Alors je lui demande : «Mais pourquoi vous me haïssez moi? Vous pensez qu'en 1962 les Français connaissaient le sort réservé à vos parents? Vous croyez vraiment que lorsqu'ils ont appris ce sort, ils étaient fiers et heureux de ce que le gouvernement avait fait en leur nom, une trahison à l'égard de compatriotes qui avaient servi la France? Je comprends que vous en vouliez au gouvernement de l'époque ou au général de Gaulle, mais qu'il est étrange de m'en vouloir à moi, qui n'ai rien fait, et qui ai honte de ces actes comme la très grande majorité des Français?» Il s'est alors arrêté quelques instants et il m'a juste dit : «Je n'avais jamais fait la différence entre le gouvernement de la France et les Français.» Et j'ai senti chez lui un soulagement. Sa haine venait de ce qu'il se croyait rejeté par tous les Français, elle était un retournement de ce rejet, et pouvait peut-être se dissoudre dès lors qu'il la ressentait sans objet.

De cet apologue, j'ai tiré deux conclusions : que l'histoire d'un pays pouvait blesser, traumatiser ; et qu'on ne se parlait pas assez.

Dans son ouvrage *Le Syndrome de Vichy*[73], Henry Rousso a appliqué à des événements historiques des concepts empruntés à la psychanalyse : la névrose traumatique, par exemple, dont Freud voit le facteur déterminant dans l'effroi – « état qui survient quand on tombe dans une situation dangereuse sans y être préparé[74] » – dont ont souffert les juifs de France, vivant tous pendant la Seconde Guerre mondiale sous la menace de l'arrestation, la déportation et l'extermination. Il discerne un premier moment qui est celui du travail de deuil, à la Libération, suivi d'un temps de refoulement provoquant un retour du refoulé, avant la phase actuelle qu'il qualifiera plus tard d'« obsessionnelle[75] » pour un certain nombre de Français juifs survivants. Sur Vichy, on sait de plus en plus de choses, les archives sont de plus en plus ouvertes, et pourtant elles sont dénoncées comme cachées ou inaccessibles ; on exige et on obtient de commémorer de plus en plus, pas toujours de façon cohérente, en confondant souvent persécutions nazie et vichyssoise et en négligeant la Résistance intérieure jusqu'à ne voir dans Vichy que la persécution des juifs.

Ma question est la suivante : si l'obsession révèle le bon diagnostic, en a-t-on tiré les conclusions adéquates ?

Pour Freud en effet, l'objet de l'obsession n'est pas l'objet réel vraiment pénible que l'individu s'efforce d'oublier. Si vous allez voir un psychanalyste parce que vous êtes obsédé par une personne ou un événement, il ou elle va s'efforcer de trouver la vraie cause de l'obsession. Si des juifs français souffrent donc individuellement ou collectivement d'une obsession de Vichy, c'est que Vichy n'est pas la seule cause du problème.

Quel pourrait être ce moment pénible de leur vie que ces juifs français s'efforcent d'oublier? Mon hypothèse est que ce moment, cause réelle de l'obsession, est le choc subi, le 27 novembre 1967, quelques mois après la guerre des Six-Jours (qui a opposé en juin 1967 Israël à ses voisins arabes), en entendant le général de Gaulle dire dans une conférence de presse: « Certains même redoutaient que les juifs, jusqu'alors dispersés, qui étaient restés ce qu'ils avaient été de tout temps, *un peuple d'élite, sûr de lui-même et dominateur,* n'en viennent, une fois rassemblés sur le site de leur ancienne grandeur, à changer en ambition ardente et conquérante les souhaits très émouvants qu'ils formaient depuis dix-neuf siècles. »

Cette déclaration provoque une émotion intense chez l'ensemble des juifs de France. Raymond Aron écrit quelques jours plus tard: «Je mets au défi n'importe quel homme de bonne foi de me contredire, le général de

Gaulle ne pouvait pas ne pas prévoir les réactions passionnelles qu'il a provoquées, suscitées plus exactement. Aucun homme d'Etat n'avait parlé des juifs dans ce style, ne les avait caractérisés comme "peuple" par deux adjectifs. Ce style, ces adjectifs, nous les connaissons tous, ils appartiennent à Drumont, à Maurras [76]. » Pierre Vidal-Naquet indique : « Lorsque je les ai entendus, mon réflexe a été immédiat et j'ai évoqué – je n'ai d'ailleurs pas été le seul – *Les protocoles des Sages de Sion*, dans la mesure où le mot "dominateur" notamment [...] évoquait un thème classique de l'antisémitisme, à savoir l'idée d'une conspiration juive [77]. »

Quelques jours plus tard, de Gaulle s'entretient avec Jacob Kaplan, le grand rabbin de France, qui rapporte que dans l'esprit du chef de l'Etat, « c'était un compliment qu'il faisait aux juifs ». De Gaulle ajoute : « On peut être un très bon Français et un très bon juif dévoué à la cause israélienne [78]. » Mais cela ne suffit pas.

Imaginez que vous êtes un enfant : vous revenez de l'école et vous dites à votre père que votre ennemi juré vous a tabassé violemment. Et quelques heures plus tard, votre père reprend, non pas les gestes, mais les paroles de cet ennemi juré et vous donne tort. Qu'est-ce qui vous blessera le plus, l'attaque physique de cet ennemi ou la parole blessante du père ? Ce père, qui n'a pas compris votre angoisse et qui vous abandonne [79].

Vichy c'était l'ennemi, l'ennemi naturel des juifs, l'ennemi connu car l'antisémitisme était une idéologie politique puissante avant et depuis l'affaire Dreyfus, l'ennemi amené dans les bagages de la victoire nazie en provisoire vainqueur. Tandis que de Gaulle, c'est le père protecteur, le sauveur de la nation, le héros admirable.

Même s'ils le ressentent, les juifs ne peuvent donc pas dire : « de Gaulle nous a trahis », car de Gaulle est intouchable. Si l'on reprend d'ailleurs les critiques « obsessionnelles » adressées à Vichy – sujet tabou, on nous cache quelque chose, les archives sont interdites –, on doit remarquer qu'injustifiées pour Vichy, elles le sont pour l'objet historique « de Gaulle » : de Gaulle reste un personnage héroïque et tabou. Là, en effet, les archives ne sont pas encore totalement accessibles et les travaux d'histoire critique sur de Gaulle sont peu nombreux. S'attaquer à de Gaulle serait en outre risquer d'aggraver l'accusation de double allégeance déjà proférée dans la foulée de la guerre des Six-Jours, contre laquelle la parade est difficile tant la solidarité à l'égard de l'existence de l'Etat d'Israël semble naturelle, sans être pour autant ressentie par les juifs de France comme contradictoire avec leur loyauté et leur appartenance à la France.

Mon hypothèse est donc que si certains se tournent contre Vichy, que l'on peut agresser sans risque d'être démenti, c'est parce qu'ils auraient voulu ou qu'ils voudraient agresser de Gaulle, mais ne le peuvent toujours pas. Pour les juifs de France, le sentiment d'abandon ou d'incompréhension produit un redoublement du traumatisme, qui ravive, dans une liaison indicible, la persécution vichyssoise.

Prenons un autre exemple. Nous avons vu qu'en 1993, une réforme du code de la nationalité obligeait les enfants nés en France de parents étrangers à demander à être Français, alors que la nationalité leur était auparavant attribuée automatiquement à leur majorité.

Sur le terrain à l'époque pour conduire une enquête sociologique publiée plus tard dans *80 % au bac... et après ?*, le sociologue Stéphane Beaud rencontre un de ces jeunes, « Nassim » : « Son rapport à l'Algérie ne peut non plus se comprendre indépendamment de l'histoire collective de sa génération. L'Algérie restera pour Nassim, quoi qu'il en soit, "son" pays, c'est-à-dire celui où jamais personne ne pourra lui contester le droit d'habiter, où il est "naturellement" (et juridiquement) "chez lui". Cette revendication d'appartenance à l'Algérie prend corps dans la France des années 1986-1995... Ce sont des années pendant lesquelles, on le voit bien avec le recul, les enfants d'immigrés maghrébins, visés en premier par la réforme du code de la nationalité, ont senti en quelque sorte qu'ils étaient devenus indésirables sur le sol français, qu'ils étaient tout juste tolérés. C'étaient aussi des années où ceux qui étaient nés en France de parents algériens ont dû apprendre à se considérer à leur corps défendant comme des "Français de papier"[80]. »

Or, les enfants d'Algériens n'étaient pas concernés par cette réforme de 1993 (contrairement aux enfants de Marocains, de Portugais ou de Tunisiens), car ils étaient pour la majorité Français depuis leur naissance par l'effet du double *jus soli*. Mais ils se sentaient visés symboliquement.

Qu'est-ce qui pouvait expliquer, dix ans après la « marche des Beurs », manifestation d'appartenance à la France, cette mise à distance et ce « retour » dans la patrie des pères ? Les difficultés jamais vaincues pour trouver un logement ou un emploi, l'exposition quotidienne à la discrimination et au racisme dans la cité ou sur le lieu de travail ? Probablement. Mais je ne peux m'empêcher de penser que l'extrême sensibilité à ce débat et à cette réforme du droit de la nationalité, le choc subi et le traumatisme qu'il a pu engendrer tenaient aussi à ce qu'il ramenait symboliquement ces descendants de musulmans d'Algérie au statut que leurs parents avaient déjà subi en Algérie coloniale.

Ceux-ci en effet étaient « officiellement » Français, mais ils ne pouvaient le devenir pleinement sans l'avoir demandé. Cette règle, leurs parents et grands-parents la connaissaient. Le traumatisme transmis par les générations antérieures a pu être réactivé dans le débat contemporain[81]. Ceux qui, à gauche, proposèrent parfois d'accorder la citoyenneté sans la nationalité avaient bouclé, sans le savoir, la boucle de la régression algérienne. Un débat qui avait déjà eu lieu en Algérie avait donc été transféré, comme le montre Benjamin Stora[82], de l'ancienne colonie à la métropole, ramenant symboliquement les enfants de ces émigrés dans la patrie de leurs parents.

Dans ces deux exemples, des paroles ou des actes publics du présent réactivent des traumatismes anciens. Dans les deux cas, c'est le redoublement du rejet qui provoque la névrose traumatique[83], donnant le sentiment d'une reproduction et d'une reconnexion entre le présent et le passé.

Dans la France d'aujourd'hui, quatre catégories de Français, eux-mêmes ou leurs parents ou grands-parents, ont laissé, à l'issue d'une guerre sanglante et meurtrière, une partie de leur cœur en Algérie : les pieds-noirs, les juifs présents avant la conquête de l'Algérie par les Arabes, les harkis et assimilés, et ceux qui ont combattu pour être Algériens indépendants. Les pieds-noirs, les juifs, les harkis ont eu le sentiment d'avoir été abandonnés par de Gaulle ;

ceux qui ont combattu pour être Algériens indépendants, par leur propre Etat, qui leur a promis si longtemps le retour imminent au pays.

Et voilà que cinquante ans après l'indépendance ou l'exil, tous se retrouvent avec l'impression de vivre le même traumatisme que celui ressenti avant l'indépendance : les uns se voient envahis, bientôt remplacés par des Arabes de plus en plus religieux et violents. Les autres retournés au statut de juifs d'avant le décret Crémieux, persécutés comme tels et soumis à un antisémitisme effréné. Les derniers, enfin, discriminés au quotidien, pas vraiment Français, en tout cas pas reconnus comme pleinement tels. Et la crainte renaît de voir se reproduire le traumatisme de l'abandon.

Tous s'enferment peu ou prou dans cette reproduction du passé et l'imposent comme schéma d'interprétation de ce qui nous arrive en tant que pays. Eric Zemmour n'est finalement qu'un des multiples blessés de notre passé algérien. Son dernier livre est celui d'un homme probablement meurtri par l'histoire, devenu en quelque sorte un djihadiste du verbe[84]. Il commence son ouvrage par un hommage éperdu à de Gaulle, comme si la France ne pouvait vivre sans lui. En fait, il n'arrive pas à regarder de Gaulle en face, un très grand héros de l'histoire mondiale, mais aussi un homme qui a pu faire des erreurs. Tout préoccupé qu'il était de stratégie et de grandeur de la France, il ne prêtait pas assez attention à la sensibilité de ses compatriotes et nous a légué de multiples blessures collectives que nous n'avons pas encore pansées. Zemmour ne peut affronter cette réalité. De Gaulle reste pour lui intouchable. Pour d'autres, c'est le FLN.

Aussi, plutôt que de se parler, de partager leur mémoire différente mais aussi commune de l'Algérie, plutôt que de regarder l'histoire, leur histoire et notre histoire en face, ils se projettent, portent la bataille dans la France d'aujourd'hui, ou dans des représentations extérieures, par exemple dans le conflit israélo-palestinien dans un camp ou l'autre. De leur histoire, ils décident donc généralement de ne pas parler, de passer sous silence ses épisodes douloureux.

Pour sortir de ces haines traumatiques, il faut d'abord arriver à se parler. François Hollande a appelé, lors de son voyage en Algérie, à la construction d'une histoire partagée entre les deux nations. Mais avant cela, il faut établir cette histoire partagée entre nous, citoyens français. Les mémoires de l'Algérie doivent être partagées. Il faut que toutes les composantes de la génération meurtrie partagent leur vécu avec leurs petits-enfants. Tous ont aimé cette terre d'Algérie qui a été leur terre, et ils l'aiment parfois toujours. Et tous, malgré la guerre, ses atrocités, ses divisions, ses séparations, ont quelque chose en commun : une partie de leur cœur est toujours en Algérie. Et la plupart sinon tous, je le pense, aimeraient laisser après eux à leurs enfants et petits-enfants, un monde ou au moins une France de paix et de réconciliation. Eh bien, cinquante ans après, tous les Français qui ont en Algérie une partie de leur histoire qui les a trop souvent et trop longtemps divisés doivent se réunir. Qu'ils se parlent autant qu'il le faudra dans toutes sortes de forums, des émissions de radio ou de télévision, ou dans une grande commission de la réconciliation, afin qu'ils aident à élaborer une histoire partagée de l'Algérie et de la colonisation et une façon de se la rappeler. Car si la paix des armes et l'indépendance remontent à 1962, la paix dans les cœurs n'est pas encore là.

8

Deux poids, deux mesures ?

Des banlieues déclassées aux quartiers chics des centres-villes, se répand à nouveau l'idée que les juifs seraient des privilégiés. Qu'ils bénéficieraient du « deux poids, deux mesures » de la part d'une République qui aurait fait son choix entre les communautés. Que la sacralisation de la Shoah empêcherait la reconnaissance d'autres oppressions, d'autres génocides. Pourtant, ce sont à nouveaux les juifs qui sont pris pour cibles, en plein cœur de Paris comme dans la périphérie toulousaine. Comment expliquer et contrer ce nouvel antisémitisme ?

« Les juifs sont privilégiés et on n'a pas le droit de dire du mal d'eux alors que nous, Français originaires du Maghreb ou d'Afrique ou d'outre-mer, on ne parle pas de la souffrance de nos ancêtres ou de nos parents. » Voilà ce que certains professeurs entendent dire dans des salles de classe[85].

J'ai déjà dit la place qu'il fallait faire dans notre histoire au phénomène de l'esclavage et de la colonisation. Avant d'être liée à la mémoire de la Shoah, cette perception que les juifs seraient privilégiés remonte à l'époque du décret Crémieux.

Le décret Crémieux, déclarant la toute petite minorité juive d'Algérie pleinement française, a pour origine Napoléon III. Après avoir permis par un senatus-consulte (14 juillet 1865) aux populations non pleinement françaises d'Algérie, c'est-à-dire les musulmans, les juifs et les étrangers, l'accès à la pleine nationalité par la naturalisation individuelle, Napoléon III avait décidé d'accélérer les choses en commençant par naturaliser collectivement les juifs. Son idée était, dans un deuxième temps, de procéder de même avec une partie des musulmans. Il a donc fait approuver ce processus par les conseils généraux d'Algérie unanimes, avec le soutien de leurs élus musulmans. Après la guerre franco-prussienne et sa défaite, la crainte du gouvernement provisoire de la République installé à Tours était de perdre l'Algérie, que l'Allemagne pouvait vouloir revendiquer. Dans la précipitation, Adolphe Crémieux, ministre de la Justice du gouvernement provisoire, signe sept décrets dans la journée du 24 octobre 1870, dont l'un porte sur l'intégration des juifs dans la pleine nationalité, ce qui apporte d'un coup à une population française locale de 90 000 personnes, 35 000 nouveaux citoyens – sans risquer de faire « perdre » à la France sa souveraineté sur l'Algérie. La révolte de 1871 en Kabylie va suspendre l'idée de l'intégration collective de musulmans dans la pleine nationalité. Plusieurs parlementaires la proposent régulièrement, sans aboutir. L'obsession du pouvoir colonial, c'est la perte de la souveraineté sur une colonie que l'on veut pleinement française, mais dont on considère que la très grande majorité de la population ne l'est pas.

Un exemple : les musulmans d'Algérie étaient non pleinement Français parce que s'appliquait à eux la charia (la loi musulmane), dont certaines dispositions étaient contraires au Code civil. Certains d'entre eux se convertirent au catholicisme et allèrent devant le juge pour que leur soit reconnue la pleine nationalité française. Devenus catholiques, ils ne respectaient plus la charia. La réponse fut non. En 1903, la cour d'appel d'Alger déclara : « Le terme musulman n'a pas un sens purement confessionnel mais désigne au contraire l'ensemble des individus d'origine musulmane qui, n'ayant point encore été admis à la naturalisation, ont nécessairement conservé leur statut personnel musulman, sans qu'il y ait lieu de distinguer s'ils appartiennent ou non au culte mahométan. » Le pouvoir colonial voulait pouvoir contrôler chaque entrée dans la nationalité par crainte de la perte du contrôle du territoire algérien.

Le statut pleinement français des juifs d'Algérie les positionne entre deux groupes. D'un côté, les musulmans qui conservent un statut d'infériorité et subissent une discrimination institutionnelle. Et, de l'autre, les Français non juifs qui ont vu d'un mauvais œil l'arrivée massive d'une importante minorité juive dans la population pleinement française, elle-même très minoritaire. A la fin du XIXᵉ siècle ils élisent même l'antisémite Edouard Drumont député d'Alger[86] et des pogroms sont organisés à Alger.

En 1940, 110 000 juifs d'Algérie sont ramenés du statut de citoyen à l'état de sujet[87]. Les juifs deviennent ou redeviennent des indigènes algériens soumis à des quotas. Des enfants sont, du jour au lendemain, exclus de l'école à laquelle les enfants musulmans n'accédaient quasiment jamais[88]. Après le débarquement des Alliés en novembre 1942, la législation antisémite instaurée par Vichy, plus sévère en Algérie qu'en métropole, est maintenue par l'amiral Darlan puis par le général Giraud[89]. Ce n'est que le 21 octobre 1943 que les juifs algériens sont rétablis dans leur pleine citoyenneté par une déclaration du Comité français de libération nationale, sous l'inspiration des gaullistes.

Lorsque, après 1962, de nombreux juifs d'Afrique du Nord émigrent en France, ils retrouvent des compatriotes marocains, tunisiens ou d'Algérie, mais ils sont dans une tout autre situation. Les différences de statut d'aujourd'hui s'expliquent d'abord par les différences de statut à l'arrivée en France : les juifs d'Algérie, du Maroc ou de Tunisie arrivent du Maghreb déjà français, ou sont accueillis par la France pour le devenir, sans qu'ils songent à repartir. Tandis qu'Algériens, Tunisiens, Marocains, Africains du sud du Sahara sont arrivés sans savoir s'ils pourraient rester et s'ils ne voulaient pas rentrer. Les exemples de réussite sont les plus nombreux chez les enfants dont les parents venus du Maghreb ou d'Afrique ont compris qu'ils ne rentreraient jamais dans leur pays d'origine et qui ont donc investi sur l'école, sur leur avenir en France.

Ce qui est arrivé aux juifs pendant la Seconde Guerre mondiale en métropole, c'était non seulement un crime contre l'humanité mais également un génocide, puisque c'était leur existence même qui était visée, à l'inverse de l'esclavage. L'esclavage est un crime contre l'humanité, mais pas un génocide : les propriétaires ne voulaient pas tuer leurs esclaves qui avaient une valeur marchande. Enfin, la colonisation était un régime de discrimination, d'infériorité et de distinction dans le droit, qui a tué et parfois massacré, mais qui n'a constitué ni un génocide ni un crime contre l'humanité.

Si les juifs de France sont protégés du négationnisme par la loi Gayssot de 1990, c'est peut-être parce que la Shoah fut un événement européen donc métropolitain. Mais c'est surtout parce qu'ils ont subi la discrimination la plus radicale, la seule qui avait pour objectif l'anéantissement, la seule aussi profondément niée et la seule aussi difficile à prouver du fait de la disparition des corps. L'esclavage n'est pas nié, ni la colonisation ; c'est leur impact qui est discuté. Il faut comparer les différents types de discrimination que la France a opérés dans son histoire, mettre tout à plat, laisser libre la parole des enfants et des adolescents, répondre par les faits, par l'histoire, sans juger, avec respect.

Il n'y a pas de communauté juive ou musulmane. Des juifs ou des musulmans peuvent se voir, pratiquer, voire habiter ensemble. Mais il n'y a pas de communauté. Simplement des individus dont les degrés d'identification diffèrent, des croyants qui pratiquent jusqu'aux athées qui conservent des liens ou des souvenirs culturels ou historiques. La République les unit car elle leur garantit, à chacun, leur liberté. Certains pensent parfois qu'il existe des réseaux de pouvoir communautaires, mais ce sont des fantasmes. Lorsque j'étais chef de cabinet du secrétariat d'Etat aux immigrants, en 1981, un membre de mon équipe est ainsi venu me demander un jour si je pouvais solliciter une faveur pour son cousin fonctionnaire des impôts auprès de Laurent Fabius, à l'époque ministre du Budget ou l'un de ses collaborateurs. J'ai regardé la liste des membres du cabinet de Fabius et ai répondu que malheureusement je ne connaissais personne. Et sa réponse a été : « Tu te fous de moi ? Fabius n'est pas juif ? » Je lui ai alors expliqué que même si Fabius était juif, cela ne signifiait pas que nous nous connaissions, ou que je connaîtrais quelqu'un à son cabinet, encore moins que je les contacterais sous prétexte que nous étions d'origine juive.

Dire qu'il y a une condition juive n'implique pas qu'il existe une communauté. Je suis juif, mais je ne me sens pas pour autant membre d'une communauté. Et d'ailleurs les Noirs ne se sentent pas représentés par le CRAN (Conseil représentatif des associations noires), ni les musulmans par le CFCM (Conseil français du culte musulman). Et beaucoup de juifs, probablement une grande majorité, ne se sentent pas représentés par le CRIF, même si tous les responsables politiques se croient obligés de participer à son dîner annuel. Mais le CRIF n'est pas une institution créée par la République ou l'Etat. Le CRIF n'est absolument pas l'héritier du Consistoire fondé par Napoléon, qui organisait le culte hébraïque en France en 1808[90]. Il est né en réaction, en résistance à la création par Vichy de l'UGIF (Union générale des israélites de France) en 1941, dont l'objectif était de faciliter la déportation des juifs, et il aurait dû s'autodissoudre depuis longtemps.

C'est enfin une longue histoire que celle des tensions entre juifs et musulmans français,

qui remontent au temps de la colonisation.
Elles s'exacerbent sous l'effet des différences
de statut et sous Vichy quand certains musulmans soutiennent le régime. Mais nombreux
sont ceux aussi qui refusent la collaboration et
l'antisémitisme. Messali Hadj est emprisonné
en octobre 1939 après que son parti indépen-
dantiste eut été interdit, pour avoir refusé les
offres allemandes de libération en échange
d'un soutien au maréchal Pétain. Le sultan
Mohammed V protège les juifs marocains des
ordonnances antisémites imposées par les autorités de Vichy[91]. Après la guerre, les relations
entre Maghrébins et Palestiniens se nouent dans
un combat solidaire anticolonial. La France
était, sous la IVe République, le colonisateur au
Maghreb et l'allié d'Israël. Et donc les rixes, les
affrontements n'ont pas manqué[92], mais aussi les
marques d'amitié, de fraternité et de solidarité.

Dans la France d'aujourd'hui, ces tensions
ont pu prendre un tour inédit avec des cris
de « mort aux juifs » entendus l'été 2014 à
l'occasion d'une manifestation pro-Gaza[93].
L'antisémitisme en France est peu élevé dans
la population mais les actes antisémites perpétrés par une petite minorité d'activistes sont en
forte hausse[94].

Aujourd'hui, l'antisémitisme est alimenté par
des stratégies qui associent – comme en Algérie
quand Drumont était élu à la fin du xixe siècle –
une certaine extrême droite représentée par

114

Soral et une fausse extrême gauche représentée par Dieudonné, qui se repaissent ensemble de théories complotistes développées depuis *Les Protocoles des Sages de Sion*. Pour l'antisémite le juif est la figure du diable, une force obscure responsable de ses propres échecs. C'est un dérangement, un éloignement de la réalité chez des personnes qui peuvent être par ailleurs intelligentes. Cette forme d'antisémitisme ne peut pas être raisonnée car elle est imperméable à la bonne foi, comme à la raison[95].

La justice française condamne Dieudonné pour incitation à la haine raciale contre les juifs, comme elle condamne Brigitte Bardot pour le même type d'incitation à l'encontre des musulmans. Patrick Le Lay, alors PDG de TF1, et Philippe Bouvard, animateur des « Grosses Têtes », sont condamnés pour la diffusion sur l'antenne de TF1 d'une blague jugée raciste[96]. Mais c'est bien plutôt avec Brigitte Bardot, condamnée cinq fois, qu'il faut comparer Dieudonné[97].

Alors soyons clairs. En France, certains de nos compatriotes juifs et musulmans se sentent concernés de bonne foi par ce qui se passe en Israël et en Palestine. Beaucoup viennent des mêmes territoires, c'est-à-dire d'Afrique du Nord. Souvent, ils projettent leur identité vers un conflit qui n'est pas le leur, et où les camps sont clairement définis, quand leur propre histoire est plus compliquée. Le gouvernement et les hommes politiques les appellent donc régulièrement à ne pas importer un conflit étranger sur notre sol.

Sauf que les choses ne sont pas si simples. D'abord ils se sentent solidaires. Nous sommes après tout le seul pays au monde, avec la zone israélo-palestinienne, dont la population est composée en partie significative de juifs et d'Arabes musulmans. Mais nous vivons ensemble dans un espace laïque libre où les habitants ne sont pas regroupés dans des sphères de droit liées à leur religion. Cette proximité avec la zone de conflit confère à la France une responsabilité. Transformons un problème en une opportunité. Faisons de la France le lieu d'un dialogue permanent entre Palestiniens et Israéliens, entre juifs, musulmans, chrétiens et athées, investissons-nous, discutons, tentons de mieux comprendre et d'aider à démêler la situation et travaillons à la paix. Là-bas, sur le terrain, beaucoup la recherchent sans la trouver encore. Il y a un potentiel de la France, et des Français de tous bords intéressés à cette région, à travailler à la recherche de la paix entre Israël et la Palestine.

Antisémitisme et racisme ne pourront jamais disparaître, il faut juste essayer de les réduire. Depuis 1985, j'étudie les questions d'immigration et je m'appelle Weil, j'ai un nom que tout le monde sait juif et je travaille avec des immigrés maghrébins et africains, souvent de culture musulmane. Je n'ai que très rarement été confronté à des situations ou des remarques antisémites.

Un jour, je fais une conférence en prison intitulée « Qu'est-ce qu'un Français ? » à partir d'un de mes livres. N'y assistaient que les prisonniers volontaires, dans la bibliothèque de la centrale d'Aix-en-Provence. A la fin de mon intervention, un monsieur d'un certain âge m'interpelle et me dit : « Vous êtes juif » avant de se lancer dans un long discours antisémite. Il a rapidement été interrompu par deux jeunes des quartiers de Marseille, condamnés pour trafic de drogue qui ont pris ma défense et lui ont demandé de se taire. Ce monsieur était un banquier italien arrêté à Monaco.

Il y a indéniablement une violence de l'anti-sémitisme à fleur de peau dans les quartiers, le plus souvent verbale. Mais j'ai le sentiment que dès qu'il y a du respect, il y a assez vite place pour le dialogue et la compréhension ; alors qu'il n'y en a pas dans le racisme antisé-mite ou le racisme antimaghrébin de certains Français qui se retrouvent encore dans les idées de l'Action française. Ces derniers pensent toujours que la France est menacée par quatre puissances : les métèques, les juifs, les protes-tants et les francs-maçons auxquelles s'ajoute aujourd'hui une cinquième : les musulmans.

C'est un racisme minoritaire, mais très profond, qui n'est sensible à aucune discussion.

J'ai une anecdote à ce sujet. Un soir, dans un dîner en ambassade, je me retrouve assis à côté d'une femme qui commence à parler des immigrés en des termes assez fleuris. Je décide de prendre part au débat, en ma qualité d'historien, mais la jeune femme me rétorque rapidement que je ne peux pas tenir ces propos puisque, n'habitant pas au milieu d'eux, je ne peux pas savoir de quoi il retourne. Cherchant alors à orienter la conversation vers un autre sujet, je parle du film *Jeanne la Pucelle* avec Sandrine Bonnaire, et évoque la figure historique de Jeanne d'Arc. Ma voisine m'interrompt à nouveau pour me demander à quel titre je lui parle de Jeanne d'Arc : « Elle ne fait pas partie de votre histoire, vous êtes juif. Elle fait partie de notre histoire de France, pas de la vôtre. » C'était une Front national radicale et tout le dîner a été comme cela, jusqu'à ce qu'elle me déclare que l'innocence de Dreyfus n'avait jamais été prouvée. J'ai fini par lui rétorquer : « Madame, vous faites partie de cette France qui a été battue au moment de la Révolution française, battue lors de l'installation de la République, qui n'est revenue au pouvoir que dans les valises de l'armée allemande et du nazisme en 1940 et qui a encore été défaite en 1945. Vous n'êtes qu'une partie minoritaire de la France. »

9

Le retour du religieux

L'affirmation identitaire est le fait d'une certaine droite nationaliste catholique comme de certains groupes islamistes radicaux. Sur fond d'une société disloquée et d'une crise de sens aiguë, la religiosité se développe. Faut-il résister ou s'adapter aux nouvelles revendications religieuses ?

Oui, la religiosité se développe. Le voile se présente sur de nouveaux territoires car les femmes qui le portent circulent de plus en plus dans l'espace public et frappent aux portes des entreprises et de tous les métiers qualifiés. Son port peut avoir des sens différents. Il peut être porté par tradition familiale, ou en réaction à un milieu non croyant ou non pratiquant, ou sous la pression des pairs ou de certains membres de la famille. De nombreuses musulmanes qui portent le voile se sentent citoyennes tout en voulant exprimer leur foi[98]. Parfois, le porter permet d'imposer à la famille ses choix individuels, professionnels ou affectifs[99].

Etre croyant et porter le voile librement là où la loi l'autorise, cela n'est pas une atteinte à la laïcité. La seule question qui importe, c'est la liberté de choix, c'est le principe le plus important de la laïcité. Clemenceau écrivait en 1870 dans sa fameuse lettre à une institutrice du 18e arrondissement de Paris : « Il est de notre devoir de respecter la liberté de conscience chez tous les citoyens et de laisser à chacun le soin de pratiquer sa religion comme il l'entend[100]. »

Dans chaque Etat libéral, la liberté de conscience est garantie parallèlement à la liberté d'exercice de la religion. Cependant, une question n'est pas facile à résoudre : comment garantir concrètement à chacun cette liberté de conscience, le droit d'être athée ou agnostique, ou de faire librement partie d'un groupe religieux ou de le quitter dans les faits et pas seulement théoriquement ? Cette possibilité de liberté me semble plus assurée en France que dans d'autres pays, du fait de l'organisation géographique et juridique de l'espace qui favorise les rencontres, les sorties et donc le libre exercice de la clause de liberté de conscience.

Notre laïcité distingue en effet quatre espaces : l'espace privé (chez soi), l'espace sacré (celui d'une religion), l'espace public et l'espace républicain, celui de l'Etat (les bâtiments publics où, là, la neutralité s'applique).

Des espaces séparés, avec des ensembles de règles différenciées, sont imposés aux individus, mais ils leur permettent, pour cette raison, d'expérimenter la foi ou l'absence de foi des autres selon des modes de relation différents de ceux qu'ils ont envers leurs propres options spirituelles[101].

Aux Etats-Unis, un catholique peut vivre dans un environnement et selon des coutumes catholiques depuis son baptême jusqu'à son enterrement, sans jamais entrer en contact avec un autre environnement. Il ou elle peut se marier à l'église après un sermon du prêtre et exprimer de manière publique sa foi dans tout poste ou fonction qu'il ou elle aura à exercer durant sa vie sociale.

En France, c'est impossible. Si une personne souhaite se marier religieusement, elle est obligée par la loi de procéder auparavant à une cérémonie de mariage civil à la mairie. La mairie est un espace commun par lequel chaque Français ou étranger habitant en France doit passer et le Code civil constitue un ensemble de règles supérieures et communes à tous, et que tous, Français ou étrangers résidant en France, doivent respecter s'ils veulent se marier en France. Tous, s'ils souhaitent devenir fonctionnaires publics ou avoir un mandat politique, devront se soumettre à un niveau plus exigeant de devoir : ne pas exposer publiquement leur foi ou leur croyance.

Bien conçu et bien mis en œuvre, ce cadre de séparation qui distingue des espaces de règles communes d'assimilation d'autres espaces de diversité, ne constitue pas une atteinte à la liberté, bien au contraire : c'est un art subtil de production de liberté individuelle par une pratique concrète de circulation entre différents espaces[102].

Ce cadre de séparation permet aussi de fixer des limites claires et fermes aux religions dont les prétentions hégémoniques ne cessent jamais, même quand elles ont signé une trêve : c'est ce qu'a fait l'Eglise catholique avec la France laïque. Chaque protagoniste – groupe religieux, groupe antireligieux – essaie de déplacer les frontières à son avantage. L'islam est une religion récente en métropole, des litiges peuvent aussi survenir du fait de conflits d'interprétation d'une règle existant depuis longtemps, ou d'une quête légitime d'égalité de traitement.

Dans quel esprit doit-on rechercher la résolution des conflits d'interprétation ? L'esprit de la République, c'est de rechercher du commun, sur lequel se greffe, se combinent la tradition (catholique), la diversité et la liberté. Reprenons un exemple : l'héritage. Dans le droit français, dans le Code civil depuis 1804, les enfants, filles ou garçons, sont égaux dans l'héritage. Donc si, dans la loi de votre pays d'origine ou dans votre religion, le droit d'aînesse est la règle – c'est-à-dire que l'ensemble des biens doit revenir au premier garçon né –, en France il ne pourra prévaloir. Mais la loi prévoit aussi que le légataire dispose d'une part supplémentaire, la quotité disponible. Celle-ci lui permet d'avantager librement un ou plusieurs de ses enfants ou toute autre personne, et ainsi d'accommoder une tradition nationale ou religieuse que l'on voudrait continuer d'honorer.

Revenons sur une revendication religieuse récente : le halal ou le casher dans les cantines scolaires. Vous avez d'un côté ceux qui sont résolument opposés à tout accommodement et sont prêts à forcer des enfants musulmans ou juifs à ne pas déjeuner ; et ceux qui sont prêts à céder et à mettre tous les enfants même non juifs ou musulmans aux menus halal/casher. Aucune de ces deux positions ne me paraît juste. 80 % de la nourriture commune est aussi halal et casher : les légumes, les fruits, les œufs, la plupart des poissons. Alors pourquoi ne pas faire d'abord des menus qui intègrent uniquement des produits qui sont communs à tous ? Et une ou deux fois par semaine, pour montrer l'existence fraternelle de la diversité, vous proposez de la viande et une autre option végétarienne ou végétalienne, alternativement avec de la viande halal ou casher. La République doit montrer d'abord ce que nous avons en commun – la majorité des choses – avant de montrer les différences.

Autre exemple: les signes religieux sont interdits aux élèves et aux fonctionnaires des écoles publiques; mais *quid* des mères qui accompagnent les enfants dans les sorties scolaires? Le Conseil d'Etat a indiqué, le 23 décembre 2013, que l'usager du service public qu'est le parent n'est pas soumis au devoir de neutralité à l'égard de la religion, sauf en cas d'« exigences liées au bon fonctionnement du service public de l'éducation » ou de perturbation de ce service par exemple pour prosélytisme [103]. Encore une fois, en dehors de l'espace strictement étatique, dans la mesure du possible, le principe de la liberté individuelle de conscience prévaut. Mais comment faire la part entre pratique de la foi dans la liberté de conscience et pratique sous pression? Il s'agit là, on le voit bien, de cas par cas, la loi ne peut trancher, seul le juge est à même de le faire.

Ces conflits d'interprétation sont donc normaux. Il faudrait les banaliser, plutôt que de les dramatiser. Après la loi de 1905, de nombreux conflits d'interprétation se sont aussi produits. Par exemple, autour de la sonnerie des cloches des églises: le maire a le pouvoir en effet de faire sonner les cloches pour des motifs civils (célébration de fêtes nationales, alerte incendie) et de limiter les sonneries religieuses pour des motifs d'ordre ou de tranquillité publique (sonneries trop matinales, trop tardives, trop longues), mais tout cela sous le contrôle du juge qui n'a pas manqué d'être saisi de nombreux litiges[104]. Le ministre de l'Intérieur a admis lui-même « sortir de ses fonctions de ministre » en critiquant la décision de la cour de cassation d'annuler le licenciement d'une employée voilée dans l'affaire de la crèche Baby-Loup et a parlé d'une « mise en cause de la laïcité ». Mais la chambre sociale de la cour de cassation ne mettait pas en cause la laïcité. Elle l'appliquait différemment de la façon dont M. Valls voulait lui-même l'appliquer, et que plus tard l'assemblée plénière de la cour de cassation reprendra[105]. Et ce n'est pas grave. Ce qui est grave, c'est la manière dont certains responsables politiques instrumentalisent ces questions. Pourquoi sont-ils mobilisés par le voile quand il est légal et pas par des violations moins visibles mais plus graves de la laïcité ? « Les parents peuvent vouloir une nounou qui soit "neutre" sur le plan religieux[106] », dit la sénatrice Françoise Laborde. Je pense que les parents veulent en général des nounous qui s'occupent de leurs enfants avec tendresse, affection et professionnalisme, indépendamment de leur couleur de peau, de leur religion ou de leur accoutrement.

En revanche, les parents et tous les adultes qui sont des électeurs devraient s'étonner qu'aucun responsable politique ne se soit ému que l'un des assassins de janvier 2015, M. Coulibaly, ait été déclaré « marié » avec

Mme Boumeddiene, une de ses complices présumées, alors que selon la loi française on ne peut être marié qu'après une cérémonie publique dans une mairie.

Autant la nounou voilée n'est pas contraire à la laïcité, autant le mariage religieux sans mariage civil préalable est une violation de l'un des principes les plus anciens de la laïcité. Là, il y a une marque radicale de communautarisme, c'est-à-dire une manifestation du fait que la loi de votre groupe vous apparaît supérieure à celle de la République. Là, il ne s'agit plus d'un conflit banal d'interprétation mais d'un refus de se conformer à une règle fondatrice de notre laïcité.

La première étape de la laïcisation remonte en effet à 1792 et à l'instauration de la loi sur le mariage. L'Etat français décide d'exercer le monopole des mariages sur le territoire national, rendant illégal de se marier religieusement avant d'être passé devant le maire. Le mariage est la seule cérémonie républicaine où un acte entre deux personnes privées (le choix d'un conjoint) se traduit par la mobilisation des autorités publiques [107]. Le maire organise une cérémonie et convie à l'hôtel de ville votre famille et vos amis et tous les citoyens pour reconnaître publiquement votre union. C'est un moment d'intimité familiale et républicaine, dont la quasi-totalité des mariés et des familles sont fiers et heureux. Le public voit un intérêt général dans cet engagement privé[108]. Un mariage, pour être, nécessite le respect de règles communes, une publicité, une reconnaissance et une affirmation publique qui a des implications d'ordre public. En cas de mariage religieux, sans ou avant le mariage civil, la loi se contente de punir l'officiant.

Tant que le catholicisme était la religion ultra-majoritaire en France, l'Eglise catholique étant hiérarchisée, il suffisait que l'Eglise donne l'ordre de respecter la loi pour qu'aucun prêtre ne la viole. Dans la configuration d'aujourd'hui, où le culte d'autres religions s'est développé, comme celui de l'islam, qui est moins hiérarchisé, cette régulation ne fonctionne plus car il est relativement aisé de se proclamer « imam ». Je suggère d'adapter la sanction pénale à cette nouvelle réalité et, par exemple, de sanctionner d'une lourde amende ceux qui font acte de se marier religieusement sans être auparavant passés par la mairie[109]. Dans d'autres domaines et d'autres lieux (l'école privée sans ou sous contrat, l'université), des croyants ou des entrepreneurs de religion peuvent vouloir imposer une vision radicale ou rigoriste. La loi, les règlements, les instructions ministérielles offrent déjà les cadres suffisants à une nécessaire intervention.

Mais ces comportements demeurent tout à fait minoritaires. L'espace laïque à quatre dimensions a favorisé et favorise l'installation, le développement d'un islam français libéré aussi bien des Etats d'origine que des grandes confréries internationales. Ce qui fait l'islam de France, ce n'est pas une doctrine, ce sont des hommes et des femmes avec des parcours de citoyens confrontés à la nécessité d'accommoder leur foi, en toute liberté. Le parcours de Tareq Oubrou, imam de Bordeaux, le montre bien, qui rappelle que le Coran bien interprété prescrit au musulman une « allégeance juridique citoyenne qui l'emporte sur l'allégeance spirituelle », la distinction entre le « principal » et le « circonstanciel » et que « le foulard, le halal, ce n'est pas le cœur de l'islam[110] ».

Le parcours plus séculier de Farid Abdelkrim, ancien responsable des jeunes de l'UOIF et auteur de *Pourquoi j'ai cessé d'être islamiste*[111], est aussi intéressant. Tous deux ont donc fait partie de l'UOIF, la branche française des Frères musulmans, avant de s'en éloigner librement et de tracer leur propre chemin. C'est bon signe qu'un islam français naisse à partir de parcours individuels, mélanges de foi et de liberté.

Dans la laïcité française, toutes les options spirituelles sont respectées. Mais dans le triangle entre l'individu, l'Etat et la religion, l'Etat vient plus en soutien de l'individu à l'écart du groupe que de celui qui revendique son appartenance à un groupe religieux. Il présume que ce dernier est fort de sa croyance, de l'appui de son dieu, du groupe et du prêtre, de l'imam, du pasteur ou du rabbin. L'athée, l'agnostique ou le croyant individualiste en revanche se retrouvent seuls et ont besoin du soutien de la République et de l'Etat. Mais la laïcité française n'est hostile à aucune croyance. Elle est juste amie et protectrice de la liberté absolue de conscience, à la fois liberté de religion et liberté à l'égard de toute religion. Elle respecte à la fois le droit de croire et le blasphème. C'est pourquoi elle est un modèle d'avenir, très attractif. S'ils pouvaient voter sur ce sujet, les Iraniens plébisciteraient notre laïcité, pour ne plus être sous la férule d'un pouvoir religieux ; les Chinois de même, pour ne plus être interdits de religion. L'Etat en France n'est pas hostile à la religion comme il peut l'être en Chine. Il ne lui est pas favorable comme il peut l'être aux Etats-Unis. Il est neutre, indifférent et seulement sensible à la liberté de l'individu. C'est cette particularité qui maintient ce modèle populaire et attractif en France et dans le monde.

10

Comment lutter contre les discriminations ?

La relégation sociale mine notre société fracturée. Quelle est la nature des discriminations en France ? La ségrégation spatiale fait-elle de notre pays « un apartheid territorial, social, ethnique[112] », comme l'a affirmé le Premier ministre Manuel Valls ? Faut-il notamment autoriser les statistiques ethniques pour y remédier, comme le soutient une partie de la gauche ? Convient-il d'accorder le droit de vote aux étrangers ?

La querelle des « statistiques ethniques » appartient pour moi au domaine de la pensée magique. Cette proposition a la même fonction pour certains chercheurs ou militants de gauche que le droit de vote des immigrés pour le parti socialiste : cela ne se fera probablement pas pour des raisons constitutionnelles, mais cela anime les débats et surtout cela justifie, en attendant, qu'on ne fasse rien.

Le droit de vote des étrangers était à la fin des années 1970 une revendication qui répondait à la situation des immigrés algériens de la première génération. Ces derniers pouvant difficilement demander la nationalité française après avoir combattu pour l'indépendance, c'était une façon pour eux d'obtenir des droits. Simplement, cela nécessite un changement de la Constitution. Depuis 1981, à la veille de chaque grande élection, le parti socialiste remet le droit de vote en tête de son programme. Cela a commencé avec François Mitterrand. François Hollande a récidivé lors de sa campagne présidentielle de 2012. Elu, alors qu'il avait la majorité aux deux chambres, croyez-vous qu'il ait tenté de le faire adopter ? Que nenni. Malgré ses engagements réitérés en mai 2013[113], son gouvernement n'a pas tenté de faire adopter un projet de loi constitutionnel. Mais quand il est devenu certain que le Sénat basculait à droite et que la loi ne pouvait plus passer, alors Jean-Christophe Cambadélis, nouveau premier secrétaire du parti socialiste, a réengagé une campagne pour le droit de vote des étrangers. On ne peut pas proclamer les valeurs de la République et continuer d'utiliser avec cynisme les immigrés à des fins électorales ou d'unité artificielle de la gauche.

Parce que, dans le même temps, le parti socialiste est on ne peut plus frileux et conservateur sur le plan du droit de la nationalité. Le droit allemand est aujourd'hui plus ouvert que le droit français, notamment pour les enfants d'immigrés non nés en Allemagne mais arrivés très jeunes.

Si vous êtes arrivé à l'âge de trois ans en Allemagne et que vous y avez suivi huit années de scolarité, vous pouvez devenir Allemand sur déclaration. En France, dans la même situation, vous devez attendre vos dix-huit ans et en passer par la naturalisation que vous n'obtiendrez que si vous prouvez que vous avez des ressources financières indépendantes. Il vous faudra donc attendre de trouver un travail pour effectuer les démarches. Mais comme vous êtes étranger, vous aurez plus de mal à en trouver un.

Vous pouvez devenir Français par déclaration[114] si, vivant à l'étranger, vous êtes marié à un Français depuis cinq ans et cela sans avoir jamais vécu en France. Pas si vous êtes arrivé en France à l'âge de six mois et avez toujours vécu en France. C'est là que se produit pour certains enfants le premier sentiment de discrimination, de rejet et d'exclusion des aînés : s'ils ne sont pas nés en France, ils restent étrangers, tandis que leurs frères et sœurs nés en France deviennent Français aisément. Des élus UMP et UDI sont favorables à cette réforme, qui offre toutes les garanties eu égard à l'ordre public, mais le gouvernement et les élus socialistes ne font et ne proposent rien.

Je suis favorable au droit de vote des étrangers mais on voit que cela n'est pas le totem qui résoudra tout. En revanche, je suis opposé aux statistiques ethniques parce qu'elles sont inutiles et probablement néfastes. Elles ne font pas partie de notre culture historique, contrairement aux Etats-Unis. Si les Etats-Unis ont inscrit les statistiques ethniques dans leur Constitution, c'était pour compter à part les esclaves, car dans le calcul du nombre de sièges par Etat à la Chambre des représentants, un esclave noir ne comptait alors que pour 3/5 d'un Blanc.

Après l'abolition de l'esclavage, les Etats-Unis ont continué à compter à part les Noirs, les Blancs et ont ajouté de nouvelles catégories. Nous n'avons jamais connu cela en France sauf pendant l'esclavage, la colonisation et sous Vichy. Tirons des leçons de la Seconde Guerre mondiale et conservons-les. Les juifs étaient tellement bien enregistrés aux Pays-Bas sur des registres spéciaux que 95 % d'entre eux ont été arrêtés, déportés et exterminés dans des camps nazis. En France, il n'y avait pas de fichiers de juifs. Le gouvernement de Vichy en a fait établir, sur ordre allemand, à partir d'octobre 1940. Ils ont contribué de façon significative aux rafles de 1942 et à l'arrestation des 76 000 juifs de France déportés et exterminés[115]. Qui peut aujourd'hui garantir à tous nos compatriotes qui n'entreraient pas dans la catégorie «Blanc» que, si l'on établit des statistiques ethniques pour lutter contre les discriminations, jamais un gouvernement n'utilisera ces données pour les surveiller, les arrêter voire les expulser?

Et quel serait le but de ces statistiques ethniques? Montrer les discriminations? Mais si l'on peut montrer à travers des procédures tout à fait légales et constitutionnelles que des enfants ou petits-enfants de personnes nées aux Antilles, en Afrique subsaharienne ou au Maghreb ont, à diplôme égal, deux fois moins de chances de trouver du travail, a-t-on réellement besoin de savoir combien il y a de personnes noires ou d'origine maghrébine, pour en conclure qu'elles subissent des discriminations aujourd'hui en France?

Cette obsession du chiffre juste est – on l'a vu – dangereuse. Elle est aussi absurde. Car le contexte dans lequel on pose ces questions pèse sur la valeur d'un résultat: dans un pays où l'on n'a jamais compté par catégories ethnoraciales, sauf sous l'esclavage, la colonisation et sous Vichy, la résistance culturelle au comptage ethnique, le refus de remplir la case du questionnaire liée à sa catégorie risque fort de fournir des résultats faussés, voire inutilisables.

Enfin, cette demande de statistiques ethniques se heurte à un obstacle constitutionnel. L'article premier de notre Constitution précise que la République «assure l'égalité devant la loi de tous les citoyens sans distinction d'origine, de race ou de religion». Le Conseil constitutionnel en a déduit que seules les études comportant des

« données objectives » – par exemple le nom, l'origine géographique ou la nationalité antérieure à la nationalité française ou bien encore le lieu de résidence ou de scolarisation – étaient conformes à la Constitution [116]. En outre, des données subjectives, par exemple celles fondées sur le « ressenti d'appartenance » peuvent aussi être recueillies à condition que n'ait pas été défini, a priori, un référentiel ethno-racial, c'est-à-dire des cases optionnelles à remplir [117]. En bref, si au cours d'un entretien sur les discriminations vous dites « en tant que Noir je me sens discriminé », cette donnée peut être recueillie. Mais en revanche, vous ne pouvez vous faire interroger et cocher une case sur votre appartenance ethno-raciale.

Est-ce que ces limites empêchent de mesurer les phénomènes de discriminations sociales ou ethno-raciales ? Non, je vais en donner cinq exemples :

Fabien Jobard et René Lévy ont montré dans une étude portant sur plus de 500 contrôles de police effectués Gare du Nord ou au métro Les Halles à Paris que, selon les sites, les Noirs couraient entre 3,3 et 11,5 fois plus de risques que les Blancs d'être contrôlés, et les Arabes plus de 7 fois. Cette enquête scientifique ne nécessitait pas la collecte de données individuelles. Les données de référence pouvaient être classées en fonction de perceptions par les observateurs de l'origine, de l'âge, ou des vêtements portés par les individus contrôlés ou pas sur les sites observés. Point n'était besoin dans cette étude de demander l'identité ethnique des personnes contrôlées. Seule comptait, pour mesurer les discriminations éventuelles, la façon dont elles étaient perçues par les contrôleurs, en l'occurrence les policiers[118].

S'il s'agit de mesurer certaines concentrations, grâce à un panel d'élèves suivi depuis leur entrée en classe de sixième en 2007, on peut montrer que plus de 75 % des enfants dont les deux parents sont nés dans un pays en voie de développement (soit 8 % des élèves de sixième) sont concentrés dans 10 % des collèges de métropole[119].

Un échantillon démographique permanent (EDP) constitué par l'INSEE depuis 1968 de l'ensemble des personnes nées les quatre premiers jours d'octobre, soit à peu près 1 % de la population, collecte des informations portant non seulement sur la nationalité et le lieu de naissance des personnes recensées, mais aussi sur ceux de leurs parents[120]. Parmi elles se trouvent des migrants – étrangers ou venus en métropole des Antilles, de Guyane ou de la Réunion – et leurs enfants et petits-enfants, en nombre suffisant pour produire de nombreuses données comparatives. Elles démontrent, parmi de nombreux résultats très intéressants, le déclassement social – l'augmentation du nombre de travailleurs manuels – entre la première et la seconde génération de l'immigration venue du Maghreb, l'explosion du chômage entre la première et la seconde génération d'Antillo-Guyanais, ou le très haut niveau de qualification et de diplômes des immigrés récents d'Afrique noire [121].

Enfin, une enquête « Trajectoires et origines » menée par l'INED et l'INSEE entre septembre 2008 et février 2009 compare parmi 21 000 personnes âgées de 18 à 60 ans des immigrés, natifs des DOM-TOM, et leurs descendants à des Français ni immigrés, ni natifs des DOM-TOM, ni en descendant. Elle permet d'obtenir des informations sur les inégalités et les discriminations qui combinent des données objectives (accès à l'emploi, au logement, aux services de santé…) et une approche subjective des discriminations vécues [122].

Enfin il n'est pas besoin de beaucoup de données quantitatives pour constater des discriminations directement produites par certains choix politiques.

Il en est ainsi avec le nouveau dispositif de dérogation à la carte scolaire mis en place depuis 2008 à l'entrée en sixième. Certaines pratiques licites de contournement de cette carte existaient déjà – choix de langues ou d'options enseignées uniquement dans certains collèges – ou illicites comme de fausses domiciliations [123]. Depuis 2008, de nouveaux critères – dont les résultats scolaires et le statut de boursier[124] – permettent de demander une dérogation. De nombreuses familles ont commencé à consulter les classements des lycées, et investi en temps pour demander une dérogation. Espoir finalement déçu, car les demandes excèdent de beaucoup les possibilités offertes[125]. Ces familles prennent conscience de la ségrégation scolaire et ressentent un traitement discriminant[126]. La possibilité de déroger à la carte scolaire signifiait déjà officiellement à tous les parents que les établissements ne se valaient pas, qu'ils avaient intérêt à demander un bon établissement. Désormais la procédure a démultiplié les frustrations et le sentiment d'avoir affaire à un « leurre[127] », et la perception d'une discrimination en fonction de l'origine[128]. Beau résultat !

A l'entrée en sixième aussi, un enfant d'immigré, s'il est Algérien, Marocain, Portugais, Tunisien ou Turc, peut être séparé de ses camarades de classe et affecté à des cours de langues et cultures d'origine assurés par des enseignants venus de ces pays. Ces cours ont été institués à partir de 1973-1974[129] avec la double idée que cet apprentissage était bon pour le développement des enfants et que, au cas où leurs parents viendraient à être rapatriés dans leur pays, ils ne s'y sentent pas étrangers. Le contexte a changé mais ils existent toujours et concernent 92 000 élèves, soit 87 000 dans le primaire – dont 57 000 sont censés apprendre l'arabe et 16 500 le turc[130].

Enfin, en classe de troisième, tous les collégiens doivent faire un stage en milieu professionnel, or seule une partie d'entre eux arrive à l'effectuer. Si vous êtes dans une classe où une partie des élèves trouve un stage mais que vous, comme beaucoup d'enfants issus de milieux modestes, vous n'avez pas trouvé de stage, vous vous sentez confronté à une première distinction qui est une exclusion.

Face à ces situations, les politiques et certains chercheurs se rejoignent pour se gaver de concepts inadaptés. La République française reproduirait sur le sol de France les pratiques de la colonisation, voire de l'apartheid. L'apartheid est un régime de droits discriminants volontairement appliqués par le pouvoir blanc. Est-ce que chacun ne peut pas s'asseoir dans le métro, monter dans les bus, accéder aux mêmes services publics ? Les banlieues françaises se sentent discriminées mais ce ne sont pas des bantoustans (territoires réservés aux populations noires créés en Afrique du Sud pendant l'apartheid). Sous la colonisation, la discrimination était légale, elle était même organisée, régie par le droit, alors que dans la France d'aujourd'hui, la discrimination est illégale et le droit est le même pour tous. Cela change beaucoup de choses. Le droit du sol ou le Code civil ne s'appliquaient à aucun des « indigènes » des colonies françaises, contrairement au sol de France où ils s'appliquent maintenant à tous. Cela ne veut pas dire qu'il n'y a pas de discrimination, de différences de traitement, et parfois un imaginaire colonial, mais il faut d'abord voir l'essentiel, soit la très grande rupture avec la situation coloniale : aujourd'hui, dans la République française, tous les citoyens sont égaux en droits. Le droit est un instrument d'intégration, silencieux mais fondamental. Lorsque par le traité des Pyrénées de 1659, un morceau de la Catalogne – la Cerdagne – a été rattaché à la France, les Cerdans du côté français sont devenus Français par le droit. Ils allaient devant le juge lorsqu'ils avaient des conflits de propriété, d'héritage… et invoquaient le droit français[131]. Le droit crée l'identification et un sentiment d'appartenance. Du point de vue juridique, le traitement est absolument égal, pour l'accès aux services publics nationaux, à la médecine, à l'école, à l'allocation chômage, etc. Les familles d'immigrés le savent et savent comparer leur situation en France et celle dans leur pays d'origine. Il existe des discriminations sociales ou ethnoraciales, mais notre droit laisse la place à des mobilisations collectives, et surtout des recours qui ne pouvaient trouver aucun espace en situation de colonisation.

La France est un pays équitable avec ses citoyens (allocation chômage, Sécurité sociale, école gratuite, minimum vieillesse). Il y a énormément de chômage chez les enfants d'immigrés, c'est vrai, mais il y a aussi des gens qui travaillent et qui ne font pas parler d'eux. Et, depuis une vingtaine d'années, on voit émerger une classe moyenne de médecins, d'avocats, qui sont des enfants d'immigrés issus de milieux populaires. Notre école et ses enseignants ont fait des choses formidables, qu'il faut mettre en avant, plutôt que de ne parler que des échecs. Même si ces politiques n'ont pas donné 100 % de réussite, des mesures prises dans les ZEP, qui donnent plus de moyens aux zones les plus socialement défavorisées, vont dans le bon sens. Dans certains États américains, on fait exactement l'inverse, les financements publics sont d'autant plus importants que la valeur des propriétés alentour est élevée, car ils dépendent de cette valeur.

La question n'est donc pas l'absence de données, mais l'absence de réaction politique à ces données et à une situation complexe qui mélange égalité réelle et discriminations non moins réelles.

Les Français seraient-ils allergiques aux réformes qui amènent plus de justice dans le système éducatif ? Non : une proposition que j'ai portée depuis 2005 – que les meilleurs élèves de chaque lycée puissent accéder automatiquement aux filières sélectives (prépas, IUT et IEP, etc.), sur la base de ce qui se passe depuis 1998 au Texas – a pu franchir l'obstacle de l'opposition des ministres de l'Éducation et de l'Enseignement supérieur, de leurs cabinets et de leurs administrations. C'est intéressant : cette proposition a été soutenue par François Hollande et Manuel Valls et cela a aidé. Mais surtout elle a eu le soutien des élus de tous les partis parce qu'elle était populaire auprès des parents et des élèves. C'est une réforme mérito-cratique et égalitaire, qui donne leurs chances aux élèves des lycées de banlieue, de zone rurale ou des DOM-TOM qui n'envoyaient aucun ou très peu de leurs élèves en prépa, dans les IEP mais aussi les IUT et en BTS. A l'encontre de la réforme de la carte scolaire, elle permet d'inci-ter les meilleurs élèves à rester dans leurs établis-sements comme des modèles de réussite, tirant les autres élèves vers le haut et les motivant.

Mais il y a d'autres domaines où les choix paraissent simples et où rien ne vient. Pourquoi laisser en place dans notre école publique des classes séparées où des centaines de professeurs venus tous les ans de Tunisie, de Turquie, du Maroc ou du Portugal donnent des cours aux enfants français d'immigrés venus de ces pays ? Depuis 1991, le Haut Conseil à l'intégration n'a cessé de demander la suppression de ces cours de langues et de cultures d'origine. Qu'attendent le président de la République et les ministres des Affaires étrangères et de l'Éducation nationale pour dénoncer ces accords ?

Souhaite-t-on vraiment que le stage en entreprise en troisième continue de bénéficier en priorité aux enfants de cadres, de salariés du privé ou de fonctionnaires au détriment des enfants des milieux populaires ? Je suggère soit qu'on le supprime en raison de ses conséquences inégalitaires, soit que l'on donne une priorité de placement aux enfants des milieux les plus défavorisés. Tant qu'ils n'auraient pas de stage, les autres ne pourraient pas en avoir. Le MEDEF et les entreprises du CAC 40 devraient donner la priorité à ces enfants dans leurs offres de stage.

Et la carte scolaire, ne faut-il pas la rétablir, si la possibilité de la contourner ne provoque que frustration et sentiment de discrimination ?

Comment peut-on sans cesse invoquer la République et la laïcité et ne pas faire de la lutte contre les discriminations une priorité ? La laïcité c'est d'abord une liberté, une possibilité de ne pas devoir se tourner vers la religion parce qu'elle deviendrait un refuge, parfois le seul refuge, si l'on se sent rejeté par la société, si l'on ne trouve pas de place dans l'espace – laïque – professionnel. Durkheim distinguait deux types de pluralisme : l'un est le produit d'un attachement à une culture d'origine lorsque « des individus se trouvent avoir en commun des idées, des intérêts, des sentiments, des occupations que le reste de la population ne partage pas avec eux[132] » ; l'autre est, à l'inverse, le produit d'une discrimination, de ce que Durkheim appelait une « division du travail contrainte » qui empêche des individus « d'occuper dans les cadres sociaux la place qui est en rapport avec leurs facultés[133] » et, j'ajouterais, leur désir.

Quand l'école ou l'entreprise n'offrent pas ce sentiment d'être chez soi à égalité avec les autres, alors en effet la religion peut devenir un refuge. Elle peut aussi le devenir quand manque un espace où penser librement. Chacun est libre de croire comme de ne pas croire mais, pour ne pas croire, il faut penser le monde avec un autre schéma que celui, plutôt pratique et séduisant, qui vous est offert par la religion. Or, ce long processus de développement d'une conscience indépendante passe nécessairement par la lecture, le dialogue et la création. L'être humain se libère de la croyance religieuse à travers la science, la réflexion, la raison, et c'est un travail à renouveler à chaque génération. Pourquoi les islamistes radicaux brûlent-ils les bibliothèques ? Parce que c'est le lieu de toutes les pensées dissidentes, où l'on peut découvrir de nouvelles options spirituelles.

Pour pouvoir le faire aujourd'hui, il faut avoir accès à la lecture et aux débats intellectuels dans des lieux de savoir, comme les bibliothèques qui ont aujourd'hui bien plus à offrir qu'une collection de livres. Elles donnent libre accès aux nouveaux instruments de l'éducation, de la culture et de l'information, aux technologies et à l'Internet à tous ceux qui ne les ont pas chez eux. C'est tout de même aberrant de voir que dans le pays des Lumières, seules 6 % de nos bibliothèques ouvrent 30 heures par semaine ou plus. Ce qui implique que l'immense majorité d'entre elles sont fermées aux heures où les gens sont disponibles : les week-ends ou en soirée.

Après les attentats de janvier, les actions du gouvernement ont très vite perdu tout sens. Comment pouvait-on invoquer sans cesse la laïcité et mettre à l'ordre du jour l'ouverture des magasins le dimanche, sans donner une priorité absolue à l'ouverture des bibliothèques, le lieu de l'esprit de la République et de la laïcité[134] ? Au lieu de concevoir la laïcité comme un régime d'ordre, de contrôle et de punition, il faut la penser d'abord dans sa fonction libératrice, proposer qu'il y ait partout, dans toutes les villes, ouverts presque 24 heures sur 24 et 7 jours sur 7, des refuges républicains, des lieux physiques où se retrouver pour apprendre, pour pratiquer la libre communication de l'information et des idées, pour construire sa liberté de conscience.

11

Ouvrir ou fermer les frontières ?

Que répondez-vous à ceux qui affirment qu'il faut fermer les frontières, car l'immigration non maîtrisée mettrait les Français dans une situation d'«insécurité culturelle» ? Que dites-vous à ceux qui, de l'autre côté, demandent d'ouvrir toutes les frontières afin que la France et l'Europe restent fidèles à leurs principes universalistes ?

Ce sentiment que l'immigration n'est pas «maîtrisée» est déjà instillé par les chiffres officiels de l'immigration légale. On peut aussi faire peur avec l'immigration légale, vouloir donner le sentiment qu'elle est plus importante qu'elle ne l'est, voire incontrôlée. C'est ce à quoi contribuent l'Union européenne et la façon dont tous les pays de l'Union sont amenés depuis 2007 à compter les nouveaux immigrés[135]. Chaque année depuis 2007, selon ces statistiques, entre 180 000 et 210 000 personnes sont venues résider en France[136]. Ce chiffre comprend l'immigration de famille – familles de Français, regroupement familial des résidents étrangers, familles de nouveaux travailleurs ou de réfugiés –, les réfugiés politiques, des travailleurs, et 25 000 à 40 000 régularisés dont nous allons parler.

Mais ce chiffre comprend aussi les étudiants étrangers, y compris ceux qui viennent en France faire un séjour d'un an et repartent ensuite. Pourquoi ? Parce que l'Union européenne, au lieu de choisir les méthodes de comptabilisation proposées par l'OCDE ou pratiquées par la grande majorité des pays d'immigration, a pris une vieille grille de l'ONU, sous la pression, voire le lobbying actif de statisticiens et de démographes conservateurs ou, pis, racistes, lorsqu'ils sont conscients d'accroître la peur des Européens face à l'immigration. En France, environ 60 000 étudiants étrangers viennent chaque année étudier sur les bancs des universités ou grandes écoles françaises et repartent en grande majorité après un ou deux ans. Auparavant, ce n'était que lorsque des étudiants étrangers s'installaient en France, soit en se mariant, soit en obtenant un contrat de travail, qu'ils étaient comptabilisés dans l'immigration permanente. Aux Etats-Unis, au Canada, en Australie, on continue de faire de même : on ne compte un étudiant que s'il reste en se mariant ou en trouvant du travail. Au Canada, dans la catégorie « travailleurs », on inclut les membres de familles des travailleurs.

En Europe, on fait tout l'inverse : on met dans la case famille tout ce qu'on peut y mettre, on y ajoute les étudiants, cela fait un chiffre important qui fait le plus peur possible, sans correspondre à la réalité de la migration durable.

Cela permet à Christophe Guilluy d'écrire que l'immigration serait chaque année d'« un peu moins de 200 000 étrangers légaux par an [137] » auxquels il ajoute plusieurs dizaines de milliers d'étrangers en situation irrégulière, sur la base d'estimations administratives qui surévaluent toujours l'immigration irrégulière. M. Guilluy s'intéresse à l'immigration réelle, mais il compte deux fois les 25 000 à 40 000 étrangers en situation irrégulière régularisés déjà comptabilisés plusieurs années auparavant dans les irréguliers et la très grande majorité des étudiants déjà repartis, soit environ 80 000 personnes. M. Guilluy gonfle ses chiffres : il y a environ 150 000 nouveaux immigrants légaux par an pour un pays de 66 millions d'habitants. Ce qui n'est vraiment pas énorme.

Quelles que soient les règles de la politique d'immigration, il existera toujours une immigration illégale qu'il est possible de réduire, mais jamais d'éliminer. Une politique d'immigration trop restrictive, qui interdirait par exemple à des Français de vivre avec leurs conjoints étrangers, serait à l'évidence vécue comme une injustice. Même si la politique de l'immigration est juste, équilibrée, la France n'accueillera pas tous les étrangers qui voudraient venir s'y installer. Mais nous souhaitons aussi rester ouverts au tourisme ; entre 80 et 100 millions d'étrangers viennent chaque année en France, nos frontières ne sont donc pas fermées ! Parmi les dizaines de millions d'étrangers qui entrent en France chaque année, quelques dizaines de milliers de personnes vont rester. C'est une infime minorité, qu'il faut tout de même réduire.

Certains veulent ouvrir totalement les frontières, en arguant que cela n'aurait pas d'impact. Ils se trompent. Aucun pays n'a jamais essayé de s'y risquer. Mais il suffirait d'organiser dans des pays d'émigration une enquête d'opinion avec une question : si l'Europe vous donnait un visa, souhaiteriez-vous en bénéficier ? Le résultat serait probant. Testez avec vos amis étrangers et demandez-leur : si on ouvrait totalement l'installation en France, pensez-vous que personne de votre pays ne viendrait ? Ils vous rient au nez. Bien sûr qu'une part non négligeable de leurs compatriotes viendrait en France ! Actuellement, ils ne viennent pas parce qu'ils ne peuvent entrer de façon régulière, faute de visas. François Gemenne, politologue, a déclaré dans *Le Monde :* «Une frontière fermée n'arrête pas un migrant qui a payé 5 000 dollars et est prêt à risquer sa vie[138].» Mais plus de 95 % des personnes qui voudraient migrer, si elles y étaient autorisées, n'ont pas 5 000 dollars à leur disposition et ne sont pas prêtes à risquer leur vie. Donc elles ne viennent pas. J'ajoute qu'il n'a jamais été démontré que les êtres humains soient capables de vivre sans frontières. Et je crains beaucoup qu'en supprimant celles des Etats, l'homme n'en crée de nouvelles, moins ouvertes, fondées sur des polices privées ou sur des considérations comme la classe sociale ou la religion. Personnellement, je préfère encore celles gérées par des Etats démocratiques que la loi peut modifier.

Si des étrangers en situation irrégulière sont interpellés dans les quelques années qui suivent leur arrivée, ils ont vocation à être reconduits à la frontière et la loi ne les protège pas, sauf exceptions. Mais quand une personne a séjourné pendant dix ou quinze ans en France, y a créé des liens affectifs et professionnels, y a parfois eu des enfants, si on veut la renvoyer chez elle, le juge s'opposait avant 1998 à son renvoi : la Convention européenne des droits de l'homme stipule que l'on doit prendre en compte les liens de vie privée et familiale tissés dans le pays d'accueil avant toute décision de reconduite. On créait alors des situations de « ni-ni », c'est-à-dire d'étrangers ni régularisables ni expulsables, ce qui était absurde. Depuis 1998, la loi a créé une carte de vie privée et familiale qui permet la régularisation : soit après cinq ans de vie privée ou familiale, soit après dix ans de séjour, ou si l'on est parent d'enfant français et, depuis 2006, grâce à Nicolas Sarkozy, à titre humanitaire ou si l'on a un travail. Aujourd'hui, plus personne ne remet en cause ce système qui permet aux gouvernements de droite et de gauche de régulariser entre 25 000 et 40 000 personnes par an, après examen au cas par cas. On évite ainsi de recourir aux grandes régularisations de masse qui étaient courantes à la fin des années 1970 et qui, dès leur annonce, provoquaient l'afflux des irréguliers des pays voisins.

Outre-Atlantique, les Etats-Unis, qui n'ont pas ce système de régularisation permanente, comptent désormais 11 millions d'étrangers en situation irrégulière. Il y a une autre raison à cela : ils ont mis en place depuis 1921 un système de quotas et ils n'ont pas de mécanisme de régularisation au cas par cas. Le quota est devenu le pire des systèmes. Il séduit encore quand on l'expose aux Français, qui se disent qu'ils pourront choisir combien d'étrangers auront le droit de séjourner sur le territoire, l'an prochain. Sauf que le quota suppose la communication de chiffres publiquement et à l'avance. Imaginons que la France décide de limiter le nombre de nouveaux immigrés sur son territoire à 100 000 personnes. Vous habitez en Afrique, en Asie ou en Amérique et vous entendez à la radio : « L'année prochaine, le quota d'immigration légale français est fixé à 100 000 personnes », c'est peut-être moins important que les années précédentes, mais dans votre esprit, vous vous dites : il y a 100 000 places à prendre, je vais tenter ma chance. Donc, loin de décourager l'immigration, cela l'encourage encore plus. Les pays européens qui ont fait ce choix ont en réalité attiré beaucoup plus d'immigrants que ce que leurs quotas prévoyaient. Nicolas Sarkozy a annoncé à plusieurs reprises qu'il voulait en établir, par origine géographique, avant d'être contraint d'abandonner, et il s'est rabattu sur des objectifs : « Il faut que 30 000 personnes soient renvoyées tous les ans. » Pour atteindre cet objectif, il a donc décidé de donner des primes de retour (300 euros par adulte et 100 euros par enfant) aux Bulgares et Roumains en situation irrégulière pour les inciter à rentrer chez eux. L'effet a été immédiat : il a attiré en France les Roms d'Europe. Car aucun autre pays européen n'avait créé une telle disposition, qui leur offrait la certitude que, le jour où ils auraient envie de rentrer chez eux, le voyage de retour serait pris en charge par l'Etat et qu'ils toucheraient une prime conséquente : en 2008, le salaire moyen en Roumanie était de 194 euros par mois, alors qu'une famille de Roms pouvait toucher de l'Etat français une prime au retour s'élevant jusqu'à 1 000 euros [139].

Les politiques d'immigration apparaissent simples au public et aux responsables politiques, mais elles sont extrêmement compliquées. Toutes celles qui reposent sur un principe d'objectifs chiffrés ou de quotas sont pour la France parfaitement contre-productives.

Un immigré en situation illégale est souvent difficile à reconduire. Il faut donc, pour dissuader l'immigration illégale, que nous développions d'autres approches que la répression systématique. Il y a trois millions de chômeurs en France, or il existe aujourd'hui des tas de petits boulots qui sont exercés de façon clandestine. Aujourd'hui une partie de ces petits boulots sont récupérés par des personnes en situation irrégulière – dans l'agriculture, le BTP ou les services. Il est donc possible de lutter contre l'immigration irrégulière, en innovant sur le marché du travail.

Nous devons plus facilement permettre aux chômeurs de prendre ces petits boulots en complément de leurs allocations chômage. Il y a en France tout un débat sur le statut des intermittents du spectacle. Je suis non seulement pour son maintien, mais même pour sa généralisation. Beaucoup de jeunes prennent des jobs saisonniers, travaillent quatre ou cinq mois, puis s'arrêtent avant de reprendre durant quatre ou cinq mois. Il faut qu'ils puissent le faire et cumuler des droits. La logique de l'emploi à temps plein s'impose parfois plus tard, par exemple quand on se marie et que l'on fonde une famille. La loi doit s'adapter aux nouvelles mentalités des jeunes qui vivent leurs premières années dans la vie active très différemment de leurs parents.

Pointés du doigt comme la source de tous nos problèmes actuels, les accords de Schengen ont été initiés sous François Mitterrand en 1990 mais finalement concrétisés par Charles Pasqua. Pourquoi Pasqua, à un certain moment fervent défenseur du zéro quota en matière d'immigration, a-t-il accepté cette innovation qu'était alors Schengen ? Parce que ces accords reposent sur la création d'une frontière commune et d'un visa commun et sur la suppression des frontières statiques entre Etats neutres, qui ne servaient à rien. Les accords de Schengen stipulent que le premier pays par lequel entrent les étrangers est celui qui en assure le contrôle. Nous sommes un pays principalement constitué de frontières terrestres, donc les flux migratoires sont plus difficiles à contrôler. Si nous étions une île comme l'Australie, le Japon ou la Nouvelle-Zélande, la mer constituerait une frontière naturelle difficilement franchissable. On peut d'ailleurs avoir de longues frontières terrestres et être comme une île du point de vue de la politique d'immigration : le Canada par exemple ne voit pas encore d'immigrés franchir ses frontières par le nord et ceux qui sont au sud y restent puisqu'ils sont aux Etats-Unis.

Comme nous sommes à l'extrême ouest de l'Europe, lorsque l'immigration se fait par la terre, avec Schengen, il y a toujours un pays ou plusieurs pays dont les polices effectuent le contrôle avant; les polices allemande, belge, espagnole, italienne, mais aussi polonaise, tchèque, sont censées faire le travail de vérification des titres de séjour en lieu et place de la police française. S'ils ne l'ont pas fait, les accords de Schengen permettent les contrôles partout sur le territoire: n'importe où en France, on peut demander à un étranger de présenter son titre de séjour.

Les accords de Schengen n'ont en aucun cas instauré cette absence de contrôles dont on les rend responsables mais ont renforcé, au contraire, leur mobilité et leur flexibilité pour qu'ils soient plus ciblés, plus adaptés au fonctionnement des filières modernes. Certains points des accords nécessiteraient d'être révisés. Imaginez: un Chinois demande un visa de tourisme à la France qui le lui refuse, il va alors voir le consulat d'Italie qui le lui donne. Il entre donc en Europe par l'Italie, mais part s'installer de manière irrégulière en France. Il est interpellé par la police française qui doit s'occuper de lui alors que ce n'est pas la France qui a attribué un visa. Il faudrait que lorsqu'un pays de l'espace Schengen refuse un visa à un étranger, l'ensemble des pays membres ne puissent pas l'octroyer sans consulter préalablement le pays qui s'y est opposé. Et si l'Italie délivre un visa à une personne qui s'installe irrégulièrement dans un pays voisin, il faudrait qu'elle prenne en charge sa reconduite. Rien que ces deux petites réformes pourraient améliorer les choses. Car Schengen doit être amélioré, pas supprimé.

A la fin des années 1990, j'ai rencontré un responsable de la police de l'air et des frontières qui était affecté au contrôle sur l'autoroute Paris-Bruxelles. Il m'a raconté qu'après la suppression des contrôles statiques des passeports à la frontière franco-belge, il avait affecté ses brigades à l'entrée des toilettes de la station-service qui se trouvait juste après le passage de la frontière en direction de Paris. Pourquoi ? ai-je demandé. « Parce que nous avions remarqué que les Français qui étaient allés acheter du haschich aux Pays-Bas stressaient avant le passage de la frontière vers la France. Une fois passée, ils se relaxaient ; et avaient souvent envie de se vidanger à la station-service la plus proche. »

Certains hommes et femmes politiques français parlent aujourd'hui de sortir de l'espace Schengen. Que se passerait-il si nous les écoutions ? Il faudrait placer des policiers à toutes les frontières terrestres où ils ne serviraient à rien et donc retirer des unités ailleurs, là où on en a le plus besoin.

Signer les accords de Schengen était un acte courageux de la part de Charles Pasqua et je me demande s'il existe encore aujourd'hui ce genre de courage politique.

Prenez la question de la dépénalisation du cannabis, est-ce qu'il n'est pas absurde aujourd'hui d'affecter des policiers à la lutte contre la consommation de la marijuana quand ils pourraient l'être à des tâches tellement plus utiles ? Chaque semaine, un nouvel Etat américain légalise le cannabis, même la capitale, Washington DC, s'y est mise. Combien de temps va-t-on encore attendre avant de sauter le pas ? Les Américains ont compris que le meilleur moyen de lutter contre le trafic était la régulation de la drogue. Cela supprime en grande partie les profits engendrés par le trafic. En effet, quand un produit est illégal, il se vend très cher. Légalisez-le et son prix baisse en flèche. La légalisation du cannabis, comme l'espace Schengen, pose la question de l'utilisation de la police. A quoi veut-on employer nos policiers ?

Les milliers de naufragés de ces dernières années sont au cœur de la plus grande crise de l'asile depuis la Seconde Guerre mondiale. La première responsabilité est d'abord celle des criminels qui mettent des migrants sur des rafiots incapables de soutenir le poids de leur nombre, pour gagner de l'argent au prix de leur vie. Les instruments juridiques internationaux et la mobilisation ne suffisent pas à empêcher cette criminalité. Une autre responsabilité est aussi politique. Elle vient des Etats qui ont créé le désordre dans les régions du monde qui produisent aujourd'hui des centaines de milliers, voire des millions de réfugiés. Les réfugiés au Liban et en Jordanie représentent un quart de la population de ces pays. Le monde doit leur venir en aide, c'est pour cela qu'une conférence internationale est nécessaire. Mais la crise humanitaire dramatique touchant les voisins de la Syrie n'implique que relativement peu l'Europe. L'an dernier, la demande d'asile dans l'Union européenne a atteint un record. 625 000 personnes, soit 191 000 personnes (+ 44 %) de plus en un an, mais selon une répartition très inégale selon les pays. + 143 % en Italie, + 60 % en Allemagne ou + 50 % en Suède, qui ont décidé d'accueillir plus de réfugiés syriens mais – 5 % en France, du fait des accords de Schengen et de Dublin – qui prévoient qu'une demande d'asile doit s'effectuer sur le territoire du premier pays membre de l'Union européenne que l'on atteint, et parce que le gouvernement français en a décidé ainsi.

Lorsqu'un Marseillais visite pour la première fois Dunkerque, il ne connaît pas ses rues, ses vues, son port, ses habitants. Il n'est pas chez lui, mais il se sent quand même un peu chez lui. Pourquoi ? Parce qu'on y parle la même langue et qu'il voit inscrit sur le fronton de la mairie « Liberté, égalité, fraternité », parce que s'il se met à parler politique, il trouve des interlocuteurs. Ce qui fait qu'on se sent chez soi partout en France, ce sont nos référents communs.

L'emploi de l'expression « Français de souche » est une bêtise et un non-sens sémantique. En effet, le terme ne s'applique qu'aux êtres végétaux, immobiles, or les hommes sont des animaux qui pensent, bougent et évoluent. Ce terme me fait penser au premier discours du maréchal Pétain après qu'il avait en 1940 demandé l'armistice : il évoquait « la Terre qui ne ment pas et représente la patrie elle-même ». Quelques mois après avoir entendu ce discours, le 25 juin 1940, des jeunes Français envoyés au Service du travail obligatoire (STO) découvrent avec surprise en passant les frontières de la Belgique, puis de l'Allemagne, que « c'est toujours la même terre, des arbres, des vaches, des labours, des rivières – aucun signe, aucune rupture –, on glisse », ou que des paysages de l'Allemagne sont « semblables à ceux de la Dordogne [140] ».

Après tous les discours qui associaient l'identité de la France à des vallées ou des arbres, ils pensaient que le paysage français était unique et constituait l'un des piliers de l'identité de la nation. Ce qui fait l'identité de la France, ce ne sont pas ses paysages qui peuvent être très différents entre eux, et semblables parfois à des paysages allemands, italiens, espagnols ou suisses, c'est la construction, par des générations de Français, d'une histoire sociale et politique commune qui donne des références particulières et a façonné notre identité. Et ce qui fait que certains Français se sentent en « insécurité » en voyant emménager près de chez eux des compatriotes de couleur, c'est que leur référent historique ne les a jamais inclus. La France, dans sa tête, ce n'est pas la Guadeloupe et cela a été encore moins l'Algérie, le Mali ou le Vietnam. Or, cela l'a été et nous devons nous le représenter ainsi.

Ce dont parfois nous souffrons, ce n'est donc pas d'insécurité culturelle, mais d'insécurité historique.

Cette insécurité d'ordre historique est d'abord liée à une difficulté à nous approprier toute notre histoire, à la regarder en face, pour que certains de nos compatriotes ne nous paraissent plus étrangers mais qu'avec eux nous fassions « histoire commune ».

Cette insécurité historique tient peut-être aussi à l'inquiétude sur le futur. La France est parmi les trois grandes nations d'Europe de l'Ouest, avec l'Allemagne et le Royaume-Uni, celle qui a le plus confié son avenir à l'Europe. Or, l'Europe ne tient pas ses promesses. Et tandis que l'Allemagne prospère en son centre, assise entre des voisins qu'elle domine à l'est ou à l'ouest, tandis que le Royaume-Uni s'éloigne, la France ne peut se contenter de l'Europe. A l'Union européenne, elle doit continuer d'appartenir et de déléguer une part de sa souveraineté, mais toute son histoire et son identité continuent et continueront de la porter au-delà, vers le monde, vers l'universel.

Le plus grand héros des horribles événements des 7 et 9 janvier 2015 était malien, Lassana Bathily, devenu Français depuis. Dans le sous-sol de l'Hyper Cacher, il n'a pas réagi selon sa culture, ou sa nationalité, ou sa religion mais en homme de cœur, de courage et d'intelligence. Son acte rappelle notre histoire et signe notre futur. En 1789, dans la Déclaration des droits de l'homme et du citoyen nous avons proclamé l'universalité de ces droits. Nous avons ensuite agi et parlé dans le monde. Ces paroles et ces actes ont fait de nous ce que nous sommes en tant que peuple et nous donnent une place dans l'histoire du monde à venir, dans l'Europe, mais aussi au-delà d'elle.

Fondée sur l'universalisme égalitaire de tous ses citoyens, la République n'a rien à craindre de sa diversité. Les immigrés et leurs descendants devenus pleinement Français permettent à la France de développer des liens avec les pays du monde entier et de conserver sa vocation universelle.

Interrogé déjà en 1968 dans la revue *Esprit,* sur le risque de double allégeance que ferait courir à la nation la solidarité manifestée par les juifs de France à l'égard d'Israël au moment de la guerre des Six-Jours, Emmanuel Levinas écrivait : «Vérité et destin ne tiennent pas dans les catégories politiques et nationales et ne menacent pas plus l'allégeance à la France que ne la menacent d'autres aventures spirituelles. Etre juif pleinement conscient, chrétien pleinement conscient, c'est toujours se trouver en porte à faux dans l'Etre, vous aussi ami musulman, mon ennemi sans haine de la guerre des Six-Jours. Mais c'est à de telles aventures connues par ses citoyens qu'un grand Etat moderne, c'est-à-dire serviteur de l'humanité, doit sa grandeur, son attention au présent et sa présence au monde [141]. » Tout était dit.

NOTES

1. Cf. son portrait dans « Our France. Three weeks after the terrorist attacks in Paris, how does it feel to be a Muslim in France », introduction de Simon Kuper, entretiens d'Adam Thomson et Erik Bleich, *Financial Times,* supplément des 24 et 25 janvier 2015, p. 15.

2. Jean-Claude Chesnais, « Les trois revanches », *Le Débat,* 1990/3, p. 101.

3. Bruno Latour, « Un nouveau délit d'opinion : faire de la politique », *Le Monde,* 4 octobre 1996.

4. Depuis l'entre-deux-guerres déjà, plusieurs dizaines de milliers d'Algériens vivent et travaillent en métropole, 140 000 en 1937. Ethan Katz, « Tracing the Shadow of Palestine : the Zionist-Arab Conflict and Jewish-Muslim Relations in France, 1914-1945 », *in* Nathalie Debrauwere-Miller (éd.), *The Israeli-Palestinian Conflict in the Francophone World,* Routledge, 2010, p. 27.

5. Cf. Patrick Weil, *Liberté, égalité, discriminations,* Folio-Gallimard, 2009, chap. 1.

6. Cf. Sue Peabody, *There Are No Slaves in France » : The Political Culture of Race and Slavery in the Ancien Régime,* Oxford University Press, 1996.

7. Alexis Spire, *Etrangers à la carte,* Grasset, 2005.

8. Pour l'ensemble des faits, cf. Patrick Weil, *La France et ses étrangers,* 1re éd., Calmann-Lévy, 1991, p. 227-229 et tableau VIII, p. 386.

9. 10 % du 1 % de la taxe parafiscale payée par l'entreprise sur la base de la masse salariale était affecté à la

construction ou à l'affectation de logements pour les immigrés.

10. Cf. Patrick Weil, *Qu'est-ce qu'un Français ?*, Folio-Gallimard, 2005, chap. 1.

11. Maxime Lecomte, Proposition de loi relative à la nationalité des fils d'étrangers nés en France, 25 juin 1885, n° 3904, *Doc. Parl.*, tome 2, p. 302.

12. Maurice Barrès, « Les études nationalistes au Quartier latin », *Le Journal*, 15 février 1900. Cité par Laurent Joly, *Naissance de l'Action française. Maurice Barrès, Charles Maurras et l'extrême droite nationaliste au tournant du xxᵉ siècle*, Grasset, à paraître en octobre 2015.

13. Une première campagne de l'Action française avait été menée contre les naturalisés pendant la Première Guerre mondiale et avait contribué au vote d'une législation sur la dénaturalisation qui aura surtout concerné des Allemands de la Légion étrangère étant devenus français puis ayant rejoint l'armée allemande. Cf. Patrick Weil, *Qu'est-ce qu'un Français, op.cit.*, p. 70-71.

14. Marie de Roux, *L'Action française,* 17 octobre 1926.

15. « La France aux autres », *Le Figaro,* 23 août 1927.

16. Walter Rathenau ayant déclaré en 1912 : « Trois cents hommes, dont chacun connaît tous les autres, gouvernent les destinées du continent européen, et choisissent leurs successeurs dans leur entourage » ; cette déclaration fut ensuite falsifiée par Urbain Gohier (qui écrit nombre des articles de Coty) ou Céline qui dans *Bagatelles pour un massacre* ne manque pas de livrer une citation tronquée de Rathenau : « Le monde entier est gouverné par 300 Israélites que je connais. » Cf. Pierre-André Taguieff, *Les Protocoles des Sages de Sion. Faux et usages d'un faux*, tome 1 : *Introduction à l'étude des « Protocoles » : un faux et ses usages dans le siècle*, Berg International, 1992, p. 91, note 100.

17. Cf. Patrick Weil, *Qu'est-ce qu'un Français ?, op.cit.*, p. 99.

18. Conseil d'Etat, archives du Comité juridique. Cité par P. Weil, *ibid.*, p. 139.

19. De 1945 à 1984, les modifications de la législation française de la nationalité sont adoptées sans beaucoup de débats publics. En 1973, la loi égalise complètement la situation de l'homme et de la femme au regard du droit de la nationalité et prend en compte la nouvelle donne de la décolonisation. Elle maintient, par fidélité et par reconnaissance, des droits spécifiques aux personnes originaires de nos anciennes colonies. En 1978 et 1983 les dernières incapacités professionnelles ou politiques encore imposées aux récents naturalisés sont définitivement levées.

20. Abdelmalek Sayad, *La Double Absence. Des illusions de l'émigré aux souffrances de l'immigré,* préface de Pierre Bourdieu, Le Seuil, 1999, p. 327.

21. Archives du ministère des Affaires étrangères. Voir P. Weil, *La France et ses étrangers, op.cit.,* p. 71.

22. L'enfant né en France d'un parent étranger non né en France (Maroc ou Portugal) peut renoncer à la nationalité française dans les six mois qui précèdent sa majorité. L'enfant né en France d'un parent né en Algérie avant 1962 est irrémédiablement Français en raison du système du double *jus soli.*

23. Abdelmalek Sayad, *ibid.,* p. 352.

24. Abdelmalek Sayad (1933-1999) est né à Sidi-Aïch en petite Kabylie. Il fait ses études primaires dans son village natal, suit une formation d'instituteur à l'école normale de Bouzareah à Alger où il est nommé dans le quartier de la Casbah. A l'université d'Alger où il a entrepris des études supérieures il rencontre Pierre Bourdieu. En 1963, il émigre à Paris et publie avec Pierre Bourdieu en 1964 *Le Déracinement. La crise de l'agriculture traditionnelle en Algérie,* Editions de Minuit. Chercheur à l'École pratique des hautes études, il publie (avec Alain Gillette) *L'Immigration algérienne en France,* Editions Entente, 1976, puis *L'Immigration, ou les paradoxes de l'altérité,* De Boeck Université, 1992 (réédition Raisons d'agir, 2006 et 2015), puis à titre posthume *La Double Absence. Des illusions de*

l'émigré aux souffrances de l'immigré, Le Seuil, 1999, préface de Pierre Bourdieu.

25. Le Seuil, 2014.

26. *Ibid.*, p. 159.

27. *Ibid.*, préface de Falaize et Laacher, p. 16.

28. Paul Yonnet, « Le nouvel ordre moral », *Le Débat*, 1990/ 3, p. 254-255.

29. Bruno Latour, *op.cit.*

30. *Libération*, 13 décembre 2005.

31. Marc Olivier Baruch, *Des lois indignes ? Les historiens, la politique et le droit*, Tallandier, 2013, p. 16.

32. Interview d'Olivier Pétré-Grenouilleau, *Journal du dimanche*, 12 juin 2005.

33. Françoise Chandernagor, « L'histoire sous le coup de la loi », in *Liberté pour l'Histoire*, CNRS Editions, 2008, p. 42.

34. Pierre Nora, « Malaise dans l'identité historique », in *Liberté pour l'Histoire, op. cit.*, p. 19.

35. Sur cette première abolition cf. Laurent Dubois, *Les Esclaves de la République*, Calmann-Lévy, 1998 et Frédéric Régent, *Esclavage, métissage, liberté, la Révolution française en Guadeloupe*, Grasset, 2004.

36. Pierre Serna, « Que s'est-il dit à la Convention les 15, 16 et 17 pluviôse an II ? Ou lorsque la naissance de la citoyenneté universelle provoque l'invention du "crime de lèse-humanité" », in *La Révolution française, Cahiers de l'Institut d'histoire de la Révolution française*, 2014, vol. 7.

37. Certes la portée pratique de la disposition est faible : le § 2 ouvre un délai de trois ans aux Français pour se défaire des esclaves qu'ils posséderaient. La loi du 11 février 1851 élève à dix ans le délai précédent et la loi du 28 mai 1858 exempte des dispositions antérieures le Français qui aurait possédé un esclave avant 1848. Elle ne s'applique donc qu'à ceux qui ont acquis des esclaves à titre onéreux ou qui en ont fait le commerce

après le 27 avril 1848. Elle s'applique cependant: cette déchéance automatique empêche par exemple les descendants d'un dénommé du Repaire de Truffin installés à Cuba de pouvoir, quelques décennies plus tard en 1928, se prévaloir de la qualité de Français. Cf. Archives diplomatiques, Contentieux, Affaires diverses, 377. Cf. également tribunal de Grenoble, 10 juin 1891, Léandri [Clunet, 91 1232].

38. Victor Schœlcher, *Esclavage et colonisation,* introduction d'Aimé Césaire, préface de Jean-Michel Chaumont, PUF, Quadrige, 2007, p. 145.

39. André Weiss, *Droit international privé,* Larose et Tenin, tome 1, 1907, 2ᵉ éd., p. 563 et suivantes.

40. M. Batbie, séance du 8 février 1887, Sénat.

41. Cf. Henri Batiffol, *Traité élémentaire de droit international privé,* LGDJ, 1949, p. 149.

42. Françoise Vergès, *La Mémoire enchaînée. Questions sur l'esclavage,* Albin Michel, 2006, p. 90.

43. Un autre thème intitulé «Un monde dominé par l'Europe aux XVII-XIXᵉ siècles» est par exemple inexact. L'Europe domine au XIXᵉ siècle, pas aux XVIIᵉ et XVIIIᵉ siècles.

44. Cf. Laurent Dubois, «Histoires d'esclavages en France et aux Etats-Unis», *Esprit,* 2007, *Les Esclaves de la République: l'histoire oubliée de la première émancipation, 1789-1794,* Calmann-Lévy, 1998, et *Les Vengeurs de l'Amérique: histoire de la révolution haïtienne,* Les Perséides, 2006.

45. Cf. Frédéric Régent, «Le rétablissement de l'esclavage et du préjugé de couleur en Guadeloupe», *in* Bénot Yves et Dorigny Marcel (dir.), *Ruptures et continuités de la politique coloniale française: 1802-1804-1825-1830,* Maisonneuve et Larose, 2003, p. 283-296.

46. Bernard Gainot, *Les Officiers de couleur sous la Révolution et l'Empire,* Karthala, 2007.

47. Frédéric Régent, *Esclavage, métissage, liberté…, op. cit.*

48. Ces droits égaux seront de courte durée. Dès la fin de 1849 et sous le Second Empire, les anciennes colonies sont assignées à un régime dérogatoire et les droits politiques des esclaves libérés sont réduits. Cf. Silyane Larcher, *L'Autre Citoyen. L'idéal républicain et les Antilles après l'esclavage*, Armand Colin, 2014.

49. Georges Clemenceau, discours à la Chambre des députés, 31 juillet 1885, www.assemblee-nationale.fr/histoire/7ec.asp.

50. Cf. Patrick Weil, *Qu'est-ce qu'un Français ?*, *op. cit.*, p. 239.

51. Lettre inédite d'Hubert Lyantey citée par Charles-Robert Ageron, *Les Algériens musulmans et la France*, (1871-1959), tome 2, PUF, 1968, p. 1208.

52. *Ibid.*, p. 336, note 197.

53. *La Bible dévoilée . Les nouvelles révélations de l'archéologie*, trad. Patrice Ghirardi, Folio-Gallimard, 2004.

54. Rogers M. Smith, *Stories of Peoplehood. The Politics and Morals of Political Membership*, Cambridge University Press, 2003.

55. Entretien avec Pierre Singaravélou, Catherine Calvet, *in* « Colons, colonisés, une histoire partagée », *Libération*, 30 août 2013.

56. Eric Jennings, *La France libre fut africaine*, Perrin, 2014.

57. Library of Congress, Charles Sumner papers, microfilms, box 84, extrait d'une lettre du 8 mars 1872.

58. David Hume, « That Politics May Be Reduced to a Science », 1977, *in* H.D. Aiken (éd.), *Moral and Political Philosophy*, Oxford, 1963, p. 298-299.

59. Cf. Jean Carbonnier, « Le Code civil », *in* Pierre Nora (dir.), *Les Lieux de mémoire*, tome 2, Gallimard, 1986, p. 309.

60. Peter Sahlins, *Frontières et identités nationales : la France et l'Espagne dans les Pyrénées depuis le XVIIe siècle*, Belin, 1996, p. 129.

61. Mona Ozouf, *Composition française. Retour sur une enfance bretonne,* Gallimard, 2009, p. 105.

62. Cf. Jean-François Chanet, *L'École républicaine et les petites patries,* préface de Mona Ozouf, Aubier, 1996.

63. Jean Rivero, « De l'idéologie à la règle de droit : la notion de laïcité dans la jurisprudence administrative », in *La Laïcité,* PUF, 1960, p. 266.

64. Pour le contexte de ces pressions, cf. Stéphane Beaud et Michel Pialoux, *Violences urbaines, violences sociales. Genèse des nouvelles classes dangereuses,* Fayard, 2003, p. 357-364.

65. L'article 9 de la Convention européenne des droits de l'homme, signée à Rome le 4 novembre 1950, établit :

1) Toute personne a droit à la liberté de pensée, de conscience et de religion ; ce droit implique la liberté de changer de religion ou de conviction, ainsi que la liberté de manifester sa religion ou sa conviction, individuellement ou collectivement, en public ou en privé, par le culte, l'enseignement, les pratiques et l'accomplissement des rites.

2) La liberté de manifester sa religion ou ses convictions ne peut faire l'objet d'autres restrictions que celles qui, prévues par la loi, constituent des mesures nécessaires dans une société démocratique, à la sécurité publique, à la protection de l'ordre, de la santé ou de la morale publiques, ou à la protection des droits et libertés d'autrui.

66. Voir l'arrêté du 16 mars 2005 relatif à l'application du décret n° 64-498 du 1er juin 1964, relatif aux ministres du culte attachés aux forces armées, s. 2 (création d'un poste d'aumônier en chef musulman).

67. Farhad Khosrokhavar, « Des jeunes radicalisés qui se rêvent en héros négatifs », *Le Monde,* 9 janvier 2015.

68. Hans Magnus Enzenberger, *Le Perdant radical. Essai sur les hommes de la terreur,* Gallimard, 2006, p. 12.

69. *Ibid.*

70. *Ibid.*, p. 24.

71. Elyamine Settoul, « Kelkal, Merah, Kouachi. Ces grenades françaises que l'islam radical dégoupille », *Mediapart*, 19 janvier 2015.

72. Hans Magnus Enzenberger, *op. cit.*, p. 25.

73. Henry Rousso, *Le Syndrome de Vichy de 1944 à nos jours*, 2ᵉ éd., Le Seuil, 1990.

74. Cf. Jacques Laplanche et Jean-Bertrand Pontalis, *Vocabulaire de la psychanalyse*, PUF, Quadrige, 1997, p. 288.

75. Cf. *Vichy, un passé qui ne passe pas*, coécrit en 1994 avec Eric Conan, Fayard, 1994.

76. « Un peuple "dominateur" inspire d'autant plus de crainte et appelle d'autant plus la discrimination qu'il a plus de qualités, qu'il mérite davantage le qualificatif d'élite [note de R. Aron]. » Raymond Aron, *De Gaulle, Israël et les Juifs*, Plon, 1968, p. 17.

77. Table ronde « Les juifs de France ont-ils changé ? », *Esprit*, avril 1968, p. 583. Pierre Vidal-Naquet ajoute : « Ce dont nous sommes inconditionnellement solidaires c'est de l'*existence* de l'Etat d'Israël. »

78. André Harris et Alain de Sédouy, *Juifs et Français*, Grasset, 1979, p. 56-57.

79. Alberto Eiguer parle de la détresse infantile du danger que provoque l'imprévisibilité, le « hors de toute attente », la situation dans laquelle se trouve l'enfant qui découvre l'imposture d'un parent, *dans* « Le faux-self du migrant », *in* R. Kaës, O. Ruiz-Correa. O. Douville *et al.*, *Différence culturelle et souffrances de l'identité*, Dunod, 1998, p. 100.

80. Stéphane Beaud, *80 % au bac... et après ? Les enfants de la démocratisation scolaire*, La Découverte, 2002, p. 267.

81. Jamais ailleurs qu'en Algérie coloniale la France n'avait poussé aussi loin la confusion entre les mots du droit et les choses du vécu, et vidé de leur contenu le terme même de nationalité et d'ailleurs l'ensemble des proclamations, des « fictions » du droit républicain.

82. Benjamin Stora, *Le Transfert d'une mémoire. De « l'Algérie française » au racisme anti-arabe*, La Découverte, 1999.

83. Sur l'importance du 2e choc, cf. Claude Barrois, *Les Névroses traumatiques*, Dunod, 1998, p. 172.

84. Eric Zemmour, *Le Suicide français*, Albin Michel, 2014.

85. Cf. le témoignage de Marc-Antoine Dilhac sur son enseignement de philosophie en terminale d'un lycée technologique de Haute-Garonne : www.freespeechdebate. com/en/discuss/talking-about-the-holocaust-between-the-walls/

86. Quatre des six élus d'Algérie, qui ont fait campagne sous la bannière de l'antisémitisme, s'inscrivent dans le « groupe antisémite » de la Chambre des députés présidé par Drumont ! Voir Laurent Joly, « Antisémites et antisémitismes à la Chambre des députés sous la IIIe République », *Revue d'histoire moderne et contemporaine*, n° 54/3, 2007, p. 71-76.

87. La loi du 7 octobre 1940 abroge le décret Crémieux qui avait, le 24 octobre 1870, naturalisé tous les juifs d'Algérie.

88. Cf. témoignage de Jacques Derrida et Benjamin Stora, *Les Clefs retrouvées*, Le Seuil, 2015, p. 66.

89. Giraud, comme le rappellent Marrus et Paxton, avait la conviction que : les juifs étaient « responsables de la défaite ». Cf. Michael R. Marrus et Robert O. Paxton, *Vichy, France and the Jews*, Stanford University Press, 1995 (2e éd.), p. 191-197.

90. A partir du moment où la loi de 1905 a proclamé la liberté absolue du culte et donc la suppression des quatre cultes reconnus en métropole (catholique, calviniste, luthérien et israélite), des synagogues se sont créées en dehors du Consistoire. On a aujourd'hui des synagogues dirigées par des femmes libérales et d'autres plus traditionnelles dans leur organisation. Le Consistoire nomme toujours un grand rabbin de France mais celui-ci n'est pas reconnu par tous les rabbins. Donc le Consistoire

exerce toujours une certaine influence, mais celle-ci s'est amoindrie au fil des années.

91. Cf. Abeldwahab Meddeb et Benjamin Stora (dir.), *Histoire des relations entre juifs et musulmans des origines à nos jours*, Albin Michel, 2013, p. 362-366.

92. Cf. Maud Mandel, *Muslims and Jews in France. History of a Conflict*, Princeton University Press, 2014 et Ethan Katz, *op. cit.*

93. Cf. Pierre Birnbaum, *Sur un nouveau moment antisémite. «Jour de colère»*, Fayard, 2015.

94. Il suffit de comparer les résultats de l'étude publiée par Fondapol en novembre 2014: «L'antisémitisme dans l'opinion publique française».

95. David Brooks, «How to Fight Anti-Semitism», *New York Times*, 24 mars 2015.

96. L'animateur Vincent Perrot avait, le 28 décembre 1994 au cours des «Grosses Têtes» sur TF1, établi un parallèle entre Batman, Spiderman, Superman et les musulmanes, attribuant à tous la capacité de voler «de supermarché en supermarché».

97. La dernière fois, ce fut le 2 novembre 2011, pour avoir en 2006 dans la revue de la Fondation Brigitte Bardot (*L'Info-Journal*) parlé des musulmans comme «toute cette population qui nous détruit, qui détruit notre pays». Cf. Erik Bleich, «French hate speech laws are less simplistic than you think», *Washington Post*, 21 janvier 2015 et *The Freedom to be Racist? How the United States and Europe Struggle to Preserve Freedom and Combat Racism*, Oxford University Press, 2011.

98. Cf. Nilüfer Göle, *Musulmans au quotidien. Une enquête européenne sur les controverses autour de l'islam*, La Découverte, 2015.

99. Nadia Marzouki, «Oui, les musulmans sont en accord avec la République», *CNRS - Le Journal*, 31 mars 2015.

100. Georges Clemenceau, *Correspondance (1858-1929)*, édition établie par Sylvie Brodziak et Jean-Noël Jeanneney, Robert Laffont, 2008, p. 139.

101. Cf. Patrick Weil, « Voile et Burqa en France. Deux lois d'interdiction aux sens différents », *in* Jacques Ehrenfreund et Pierre Gisel (dir.), *Religieux, société civile, politique*, Lausanne, Editions Antipodes, 2012, p. 83-114.

102. Cf. Michael Walzer, « Liberalism and the Art of Separation », *Political Theory*, 12 (1984), p. 315-30.

103. http://www.defenseurdesdroits.fr/sites/default/files/upload/conseil_detat_etude_demandee_par_ddd.pdf.

104. Cf. Rémy Schwartz, *Un siècle de laïcité*, Berger-Levrault, 2007, p. 88-92.

105. Arrêt n° 612 du 25 juin 2014 (13-28 369).

106. « Le Sénat adopte une proposition de loi controversee sur la laïcite », *Libération*, 18 janvier 2012.

107. Cf. Christine Delphy, « Des préférences personnelles peuvent-elles être des qualités validées comme essentielles par le droit ? », *Mouvements*, 18 juin 2008.

108. Nancy F. Cott, « Public Vows », in *History of marriage and the Nation*, Harvard University Press, 2000, p. 2.

109. Sur la réalité de ce phénomène, cf. John R. Bowen, *Can Islam be French*, Princeton University Press, 2010, p. 162-169 et Stéphanie Le Bars, « Islam : les raisons du recours au seul mariage religieux », *Le Monde*, 20 mai 2010.

110. Propos recueillis par Cécile Chambrand, *in* « Tareq Oubrou : il faut adapter l'islam à la mentalité francaise », *Le Monde*, 12 février 2015. Sur Tareq Oubrou, voir Cédric Bayloq, *Profession imâm*, Albin Michel, 2009.

111. Farid Abdelkrim, *Pourquoi j'ai cessé d'être islamiste. Itinéraire au cœur de l'islam en France*, Les points sur les i, 2015.

112. Déclaration du 20 janvier 2015, citée dans *Le Monde*, 20 janvier 2015.

113. Elise Vincent, « Le vote des étrangers sera soumis au Parlement après les municipales », *Le Monde*, 17 mai 2013.

114. Procédure de naturalisation accélérée.

115. Sur ces différents fichiers et leur usages, cf. Laurent Joly, *L'Antisémitisme de bureau*, Grasset, 2011, p. 39-103.

116. http://www.conseil-constitutionnel.fr/conseil-constitutionnel/francais/les-decisions/acces-par-date/decisions-depuis-1959/2007/2007-557-dc/decision-n-2007-557-dc-du-15-novembre-2007 1183.html.

117. http://www.conseil-constitutionnel.fr/conseil-constitutionnel/root/bank/download/2007557DCccc_557dc.pdf.

118. « Police et minorités visibles : les contrôles d'identité à Paris », *Open Society Justice Initiative*, Paris, 1er juillet 2009.

119. Source : Son-Thierry Ly à partir du panel « Elèves 2007 », DEPP, ministère de l'Education nationale.

120. Complété par les personnes nées les mêmes jours les années suivantes et par les descendants des premiers recensés, l'EDP contient aujourd'hui des données sur près de 900 000 personnes.

121. Patrick Weil, préface à l'article de Rahsaan Maxwell, « Pour en finir avec un faux débat : les statistiques ethniques », *En temps réel*, n° 40, septembre 2009, p. 5-11.

122. Voir les premiers résultats dans INED, Document de travail n° 168, octobre 2010.

123. Marco Oberti et Clément Rivière, « Les effets imprévus de l'assouplissement de la carte scolaire. Une perception accrue des inégalités scolaires et urbaines », *Politix*, 2014/3, p. 224. D'autres pratiques licites également ment sont réservées aux familles disposant de certaines ressources : réelle domiciliation dans une zone de « bon » lycée.

124. Handicap, prise en charge médicale près de l'établissement demandé, boursier sur critères sociaux, parcours scolaire particulier, proximité résidentielle, regroupement de fratrie sont les critères d'admission de demandes de dérogation qui atteignent 20 % des élèves dans les Hauts-de-Seine et 11 % en Seine-Saint-Denis, cf. Marco Oberti et Clément Rivière, *op.cit.*

125. *Ibid.*

126. Cette ségrégation ne cesse en effet d'augmenter. D'un côté, ceux qui sont réputés attirent les meilleurs élèves, souvent d'un milieu social plus favorisé, avec des professeurs parmi les plus expérimentés. De l'autre, des établissements moins réputés font de plus en plus face à des stratégies d'évitement et de fuite des familles et des professeurs.

127. Oberti et Rivière, *op.cit.*, p. 230.

128. *Ibid.*, p. 238.

129. Le Portugal en 1973, l'Italie et la Tunisie en 1974, l'Espagne et le Maroc en 1975, la Yougoslavie en 1977, la Turquie en 1978 et l'Algérie en 1981.

130. Cf. Marie-Christine Tabet, « Langues étrangères à surveiller », *Journal du Dimanche*, 1er mars 2015, et www.ladocumentationfrancaise.fr/var/storage/rapports-publics/114000053/0000.pdf.

131. Peter Sahlins, *Frontières et identités nationales. La France et l'Espagne dans les Pyrénées depuis le XVIIe siècle*, Belin, 1996.

132. Emile Durkheim, *De la division du travail*, PUF, Quadrige, p. XVI.

133. *Ibid.*, p. 370.

134. Jérôme Guedj, alors président du Conseil général de l'Essonne, a en revanche fait voter, début 2015, à l'unanimité de son conseil une subvention de 200 000 euros aux fins d'ouvrir les bibliothèques de son département le dimanche.

135. Règlement (CE) n° 862/2007 du Parlement europeen et du Conseil du 11 juillet 2007 relatif aux statistiques communautaires sur la migration et la protection internationale, et abrogeant le règlement (CEE) n° 311/76 du Conseil relatif à l'établissement de statistiques concernant les travailleurs étrangers, article 2.

136. Pour 2014, les estimations du ministère de l'Intérieur portent sur un total de 207 000 arrivants dont 92 000 membres de famille ; 62 000 étudiants, 19 000 travailleurs ; 13 000 réfugiés. Source AGDREF/DSED, ministère de l'Intérieur.

137. Christophe Guilluy, *Fractures françaises*, Champs-Flammarion, 2013, p. 60-61. L'exemple de la régularisation de 1981 est parlant. La gauche avait annoncé 100 000 irréguliers, la régularisation entamée n'atteignant pas ce chiffre, le gouvernement a ouvert de plus en plus ses critères pour ne pas être accusé d'avoir raté sa régularisation. Cf. Patrick Weil, *La France et ses étrangers, op. cit.*, p. 154.

138. Maryline Baumard, « Fermer les frontières "n'arrête pas un migrant prêt à risquer sa vie" », *Le Monde*, 20 avril 2015.

139. Cité dans un communiqué du collectif Romeurope, publié sur le site de la LDH, le 7 avril 2008. La seconde forme, l'aide au retour « humanitaire » (*sic*), a fort opportunément été mise en place peu avant l'adhésion de la Bulgarie et de la Roumanie dans l'Union européenne le 1er janvier 2007 (circulaire du 7 décembre 2006).

140. Patrice Arnaud, *Le STO. Histoire des Français requis en Allemagne nazie, 1942-1945*, CNRS Editions, 2010, p. 40.

141. Emmanuel Levinas, « L'espace n'est pas à une dimension », *Esprit*, avril 1968, p. 617-623.

TABLE

Cet ouvrage a été imprimé en France
par CPI Firmin Didot
à Mesnil-sur-l'Estrée (Eure)
en juin 2015

Composition MAURY IMPRIMEUR
45330 Malesherbes

N° d'édition : 18966 – N° d'impression : 129652
Première édition, dépôt légal : juin 2015
Nouveau tirage, dépôt légal : juin 2015